ENTRANDO NA CIVILIZAÇÃO DE ALGORITMOS

Desafios éticos em perspectiva de ciência e fé

PIERRE GIORGINI
THIERRY MAGNIN

ENTRANDO NA CIVILIZAÇÃO DE ALGORITMOS

Desafios éticos em perspectiva de ciência e fé

EDITORA
SANTUÁRIO

Direção editorial:
Pe. Fábio Evaristo R. Silva, C.Ss.R.
Pe. José Luís Queimado, C.Ss.R.

Conselho editorial:
Cláudio Anselmo Santos Silva, C.Ss.R.
Edvaldo Manoel Araújo, C.Ss.R.
Ferdinando Mancilio, C.Ss.R.
Gilberto Paiva, C.Ss.R.
Marco Lucas Tomaz, C.Ss.R.
Victor Hugo Lapenta, C.Ss.R.

Tradução:
Luiz Gonzaga Scudeler

Revisão técnica:
Márcio Fabri dos Anjos

Coordenação editorial:
Ana Lúcia de Castro Leite

Revisão:
Sofia Machado

Diagramação e Capa:
Maicon Rodrigo dos Santos

Título original: *Vers une civilisation de l'algorithme? Un regard chrétien sur un défi éthique*

Dados Internacionais de Catalogação na Publicação (CIP) de acordo com ISBD

G498e Giorgini, Pierre

Entrando na civilização de algoritmos: desafios éticos em perspectiva de ciência e fé / Pierre Giorgini, Thierry Magnin ; traduzido por Luiz Gonzaga Scudeler. - Aparecida : Editora Santuário, 2023.
232 p. ; 16cm x 23cm.

Tradução de: Vers une civilisation de l'algorithme? Un regard chrétien sur un défi ethique
Inclui índice.

ISBN: 978-65-5527-256-7

1. Ciências sociais. 2. Sociedade. 3. Cristianismo. I. Magnin, Thierry. II. Scudeler, Luiz Gonzaga. III. Título.

2022-3291 CDD 300
CDU 3

Elaborado por Odilio Hilario Moreira Junior - CRB-8/9949

Índice para catálogo sistemático:
1. Ciências sociais 300
2. Ciências sociais 3

1ª impressão

Rua Pe. Claro Monteiro, 342 – 12570-000 – Aparecida-SP
Tel.: 12 3104-2000 – Televendas: 0800 0 16 00 04
www.editorasantuario.com.br
vendas@editorasantuario.com.br

APRESENTAÇÃO À EDIÇÃO BRASILEIRA

Entrando na civilização de algoritmos

Nesta obra, o título traz uma questão implícita: por que o algoritmo pode marcar um processo civilizatório? A resposta aparece em sua vitrine, a inteligência artificial, a fina representação das maiores conquistas tecnológicas de nossa era. Viagens siderais de instrumentos em busca de informações sobre o macrocosmo; mergulhos profundos para esmiuçar ainda mais os segredos recônditos do microcosmo; nada se faz sem a inteligência artificial. Mas ela se adentra também no cotidiano de nossa vida, nas relações, no lazer, no trabalho, na comunicação, na saúde e até no ar que respiramos. Está ali, de modo discreto, indireto e quase imperceptível, nos instrumentos que usamos ou nas consequências resultantes de seu uso. Ela representa um inegável serviço, sem cujos instrumentos não teríamos recursos que garantem o bem-estar e a produtividade de hoje. É assim provedora de um fascínio tecnológico que caracteriza nossa era, como já notava Baudelaire, no século 19. Mas não seria esse fascinante presente como um cavalo de Troia, que traz em seu bojo forças dominadoras dirigidas para subjugar?

Essa ambivalência dos instrumentos entre servir e dominar é imemorial, uma vez que sua utilidade pode ser orientada pelo agente que o maneja, em vista de suas próprias finalidades. O detalhe sobre o agente que maneja o instrumento é crucial, ao se tratar da inteligência artificial. De fato, o desenvolvimento tecnológico moderno veio acentuar e pôr em crise a relação entre o agente humano e seus instrumentos em uma acelerada evolução que Michael Polanyi, em 1941, chamou de *Grande Transformação*. As sucessivas revoluções industriais são um lugar antológico para se perceber a radicalidade com que os agentes humanos se dedicam à produção de instrumentos com maior eficiência de produzir, e isso os afeta profundamente.[1] Vários pensadores, entre os quais Lévinas e Bauman, há tempo alertaram para o fato de o próprio ser humano estar se transformando nesse processo, por uma transferência do cerne de sua interioridade para a exterioridade produtiva e eficiente, com a consequente perda de valores éticos para ser e agir.

Polanyi (1881-1976) se soma a esses vários pensadores, antecipando questões epistêmicas implicadas nos avanços atuais da inteligência artificial, ao passar de análises sociológicas para os fundamentos filosóficos do próprio processo cognitivo. Suas aulas foram publicadas com o sintomático título: *Conhecimento pessoal: rumo a uma filosofia pós-crítica*[2]. Ali reforça, entre outras, que o conhecimento é constituído por fragmentos de experiências sensíveis que vão sendo reunidas em categorias e se confirmando ou não em hábitos e tradições; e consequentemente marcam a interpretação que faz das realidades. Entende assim que a dimensão "emotiva" da percepção pessoal é um elemento essencial subjacente a todo conhecimento explícito, reconhecido em sociedade como tal. Em obra subsequente explica essa *dimensão tácita* como um princípio que domina todo conhecimento pessoal, e é constituído por inúmeras conexões pessoais, cuja consciência explícita escapa ao sujeito, de modo que "podemos saber mais do que conseguimos dizer" (p. 136).[3] A passagem do *tácito* para o explícito se dá por meio de linguagem que expresse sentimentos, o apelo a outras pessoas e a verificação de fatos, sendo a verificação dos fatos decisiva nesse processo de explicitação do conhecimento.[4]

[1] Cf. Síntese introdutória em: ANJOS, M. F. Inteligência artificial, pontes para qual futuro? In: *Cruzar fronteiras. Uma urgência para a ética teológica*. Aparecida-SP: Editora Santuário; São Paulo: SBTM, 2022.

[2] POLANYI, M. Personal Knowledge: Towards a post-critical philosophy. London: Routdedge & Kegan Paul, 1958.

[3] POLANYI, M. The tacit dimension. London: Routdedge & Kegan Paul, 1966, p. 136.

[4] Cf. CARDOSO, Leonor; CARDOSO, Pedro. Para uma revisão da teoria do conhecimento de Michael Polanyi. Revista Portuguesa de Pedagogia, ano 41, n. 1, 2007.

Com essas abreviadas referências visamos ressaltar que o desfecho do desenvolvimento tecnológico na inteligência artificial é fruto de um processo em que nós seres humanos também nos transformamos em meio às evoluções tecnológicas. E o aceno feito à incursão de Polanyi à epistemologia do conhecimento põe em evidência como a verificação de fatos pode ser determinante para a interpretação das realidades, em âmbito individual e social, e na própria fundamentação das ciências, no sentido de hoje. Isso enfatiza a relevância desta obra que, de modo perspicaz, coloca os algoritmos na encruzilhada de uma civilização.

De fato, o algoritmo é um elemento *tácito* de toda inteligência artificial. É um método matemático com regras e procedimentos lógicos bem definidos, aplicados em um determinado número de dados, que são conjugados em vista da solução de um problema ou de se atingir um objetivo. Consegue-se por esse meio reunir dados para a construção de máquinas que os coletam por categorias e processam em incrível velocidade. Imagine isso aplicado às atuações profissionais, oferecendo resultados imediatos sobre sucesso/insucesso dos procedimentos. O que Polanyi dizia do tácito trabalho mental em reunir experiências por categorias ao elaborar conhecimento, agora a máquina o faz em dimensões globais, como em um rápido gesto mágico. A robótica na execução de tarefas profissionais vem mostrando crescente superioridade diante da habilidade humana em velocidade, precisão e eficiência. Cresce com isso o fascínio humano de navegar na artificialidade produtiva e usufruir de suas benesses.

Freud observou que a arte (*techne*) tem um poder de incentivar a ilusão que, somada aos desejos, pode gerar efeitos afetivos incidentes na interpretação da realidade. E afirma que "a arte se aproxima da magia, e o artista se compara a um feiticeiro"[5]. Embora ele esteja se referindo à arte cênica, não é mera coincidência que a raiz etimológica do termo tecnologia desenhe a fonte desses fascínios

[5] FREUD S. Totem y tabú. Madrid: Biblioteca Nueva, 1973, p. 1801-1804. (Obras Completas; Tomo III.)

como conhecimentos de *techne*. O que essa analogia freudiana ensina é que o efeito da magia fascina enquanto se consomem seus resultados ou produtos, mas muda de figura quando minimamente se desvendam, ou pelo menos se imaginam seus bastidores.

O desenvolvimento do algoritmo está nas bases arquitetônicas das inteligências artificiais, de dois modos principais. Um se realiza na organização seletiva de dados, em "pacotes de categorias", fornecendo base principal para o conhecimento. Outro se dá na dimensão mais profunda de habilitação do mecanismo algorítmico, quando se reproduz na máquina a base arquitetônica do ser vivo e, de certa forma, se "ensina" o mecanismo a proceder como seres vivos. E então se chega ao limiar do maravilhoso que assusta a quem percebe a superioridade das máquinas sobre a potencialidade humana, que sem controle humano podem executar, produzir e reproduzir; podem ditar a "verdade"; e de instrumentos passam a pilotar os humanos.

Essas anotações visam ressaltar a importância do algoritmo na avaliação ética das inteligências artificiais, pois ali se aninham questões cruciais, anteriores a seu uso bom ou nefasto. De fato, essa engenharia algorítmica envolve graves questões, como o ritmo evolutivo no conjunto dos seres vivos, incidindo no risco de se desprezar a sabedoria que tem sustentado a persistência resiliente da vida. Atropela bases da própria condição humana constituída por relações interativas com assimilação e maturação para se formarem pessoas de identidade própria que exigem tempo, espacialidade circunstanciada e mesmo fragilidades. Esses são espaços essenciais da biodiversidade criativa com que se constroem os seres humanos. No desejo e sonho de potencializar o humano, corre-se o risco de o destruir juntamente com seu ambiente. O presente estudo aprofunda essas e outras questões, reconhecendo os muitos benefícios dos avanços tecnológicos, mas principalmente colocando às claras as interrogações cruciais que o tecnológico digital leva a esquecer ou mesmo ocultar.

Toda avaliação ética, no fundo, apela para perspectivas de ação. Nesse sentido, a presente obra é profunda e perspicaz. De certa forma, retoma o desafio da construção do conhecimento, a partir da experiência das realidades, não simplesmente por meio de pontos isolados, mas em uma interpretação de seu conjunto. Ao sondar tais perspectivas na relação ciência e fé, esta obra toca em uma raiz fundamental das interpretações das ciências, que passam pelo horizonte de onde emanam seus sentidos ou *metanarrativas*, que Lyotard, em 1979,[6] já apontava como uma grande perda dos tempos pós-modernos. A atual disputa por narrativas no ambiente político brasileiro volta, aliás, a reconhecer a necessidade de horizonte, pequeno que seja, para oferecer confiança diante de posturas e propostas sociopolíticas. Na relação entre ciência e fé, a fé representa o ambiente confiante que se deseja e busca, uma relação que Th. Kuhn já reconheceu ao associar a necessidade de as ciências mudarem suas crenças (*beliefs*) para alcançarem uma revolução científica[7].

Sem desconhecer a pluralidade religiosa, esta obra escolhe a teologia da criação em uma leitura cristã para desenhar perspectivas e critérios éticos nas práticas tecnológicas em questão. É uma escolha não excludente, mas em grande parte operacional: oferecer bases estruturais capazes de sustentar a vida e dignidade dos seres humanos em seu ambiente socioecológico na era de algoritmos e inteligências artificiais em que vivemos. Dessa forma visa especificamente oferecer um horizonte alternativo que possa ser assumido e enriquecido por diferentes confessionalidades e mesmo por não crentes.

Além de explicitar fundamentos da teologia da criação necessários à proposta de perspectivas éticas, os autores argumentam ao mesmo tempo em torno das questões levantadas

[6] LYOTARD, J. F. *A condição pós-moderna*: um relatório sobre o conhecimento. 9. ed. Trad. Ricardo Corrêa Barbosa. Rio de Janeiro: José Olympio, 2006.

[7] KUHN Th., 2000, *The road since structure*. Chicago: Univ. of Chicago Press, 2000, p. 111-116.

na primeira parte, que representam riscos de danos ou mesmo destruição de características essenciais do humano e valores que sustentam sua vida com dignidade. E fecham com a proposta de sete bases estruturais éticas que possam guiar a defesa e promoção da vida humana e seu ambiente, com dignidade, sustentabilidade e boa qualidade.

Os dois autores que assinam a obra somam seus conhecimentos em engenharia genética e em teologia, sem justaposição, mas ao contrário reconhecendo explicitamente a densidade e riqueza que resultaram do diálogo entre ambos para a elaboração do texto. Uma interessante experiência e eloquente incentivo aos diálogos inter e transdisciplinares.

Para facilitar a leitura por quem não esteja tão afeito à linguagem digital, tomou-se como opção traduzir para o português expressões usuais em inglês na linguagem de informática, como *design, designer, big data, data-assisted Science, data-driven Science, deep learnig*, e outras, mantendo entre parêntesis esses termos usuais na informática.

Nesta obra o leitor encontrará muitas informações preciosas sobre os bastidores da engenharia digital em inteligências artificiais. Mas principalmente poderá tomar consciência de questões de fundo que representam graves desafios éticos referentes inclusive a nosso próprio momento civilizatório. Vale também um agradecimento aos autores por este raro diálogo entre ciência e fé, em um assunto tão relevante e atual.

Márcio Fabri dos Anjos
Especialista em Bioética; professor emérito da PUC-SP;
membro da RedBioética/UNESCO

PREFÁCIO

As aplicações da informática, das técnicas digitais, da inteligência artificial (IA) e do tráfico dos megadados (big data) entraram praticamente em todas as esferas da atividade humana. Elas fornecem serviços poderosos, mas colocam também múltiplas interrogações. Transformam numerosas atividades, não apenas as do engenheiro, mas também as do pesquisador, do economista, do jurista, do médico e muitos outros como os ligados às ciências humanas e sociais. Transformam nosso modo de vida, nossas relações. Do real virtual ao real ampliado, nossa relação com o mundo está modificada. E isso transforma nossa relação com os acontecimentos, com os outros e com a sociedade. Os algoritmos estão em toda parte, regulam, influenciam, às vezes até dirigem cada vez mais nossa vida. Mas seriam neutros?

Fala-se hoje de máquinas aprendizes, aprendizagem profunda e de perda possível de um controle humano. A vitória da máquina AlphaGo contra o campeão do mundo do jogo Go (Weiki ou Baduk, 2007) é um símbolo midiático. É certo que nesse caso as consequências diretas não são mais importantes que isto: a máquina terminou integrando mais combinações de jogo que o ser humano e calcula mais rápido e mais correto; acabou ganhando. Mas essa vitória é um sintoma de que a automatização das máquinas está pondo em jogo o controle que se quer manter sobre elas. Assim, qual controle terá o ser humano sobre os veículos autônomos ou sobre os diagnósticos médicos, quando não puder mais saber sobre todos os mecanismos subjacentes, uma vez que os sistemas estudados são muito complexos (com muitos parâmetros em interação para resolver a evolução dos sistemas por equações matemáticas)?

É justamente diante da modelização dos sistemas complexos que a inteligência artificial (IA) e a transmissão de megadados se apresentam como um meio poderoso de previsão da evolução dos sistemas. Buscam-se, então, as correlações entre os parâmetros em interação e não as causas dos fenômenos, sem ter acesso aos mecanismos profundos dessa evolução. Em poucas palavras, trata-se de prever sem realmente compreender o porquê! Isso coloca uma verdadeira questão ao cientista habituado à pesquisa de verdades mesmo que provisórias, mas que ele se preocupa em garantir, por meio de hipóteses, teorias e experimentos de validação crítica. E surgem novas questões de ética, essenciais para defender nossa liberdade pessoal e coletiva, quando a aprendizagem das máquinas ditas "inteligentes" comanda tecnociências, como as biotecnologias (com a fabricação de ser vivo modificado) ou ciências humanas e sociais (como a economia e finanças).

O objetivo de nosso ensaio é propor uma análise ética circunstanciada e pistas de respostas a essa revolução algorítmica já iniciada, e isso a partir de nosso olhar cristão. Mas a "secularização" da antropologia cristã em um humanismo agnóstico no Ocidente faz com que essa aproximação provavelmente interesse também a leitores além do mundo cristão[8].

[8] O trabalho de pesquisa que conduziu à redação desta obra foi realizado no âmbito da cátedra: *Sciences, technosciences et foi à l'heure de l'écologie intégrale*, da Universidade Católica de Lille.

INTRODUÇÃO

Neste livro, queremos mostrar que o lugar assumido pelo digital, nas ciências e nas tecnociências do século XXI, começa a transformar radicalmente nossa relação com a realidade e mais globalmente com a "verdade". Essa transformação disruptiva tem, para nós, grandes consequências éticas. Um novo limiar, ligado ao desenvolvimento do digital (sistemas e inteligência artificial), está surgindo. É, por sua vez, uma possibilidade e um risco.

As mentalidades novas, que dele emergem, exigem, a partir de um horizonte cristão, um olhar ético sobre o advento provável daquilo que chamamos uma "civilização algorítmica", na qual o verdadeiro e o justo não são mais demonstrados, mas se impõem ao serem revelados por meio das estatísticas produzidas pelas "máquinas inteligentes e que aprendem a fazê-las". A questão-chave desse acontecimento é: "Qual o lugar do ser humano em tal civilização"?

Por que falar de "civilização" do algoritmo?

O termo "civilização" encontra-se em dicionários como o conjunto de opiniões e de costumes que resultam da interação entre arte industrial, a religião, as belas artes e as ciências. Essa definição, um pouco datada, deve ser atualizada acrescentando as ligações entre o digital e as tecnociências. Essas últimas transformam, com efeito, o acoplamento clássico entre ciência e artes industriais.

As opiniões reenviam às novas mentalidades tecnoeconômicas marcadas pelo digital. E os costumes se relacionam com a questão moral conforme à etimologia e, além disso, à questão ética.

Esse termo civilização, utilizado no título, é, portanto, propositalmente forte, porque desejamos mostrar que a mudança em curso é de ordem, não apenas epistemológica, mas, mais amplamente, antropológica. Ela levou para uma nova relação da sociedade com o real e com a verdade, principalmente com a verdade científica, no seio de uma civilização dominada pelos novos algoritmos.

Nosso método

Após introduzir, na primeira parte, alguns conceitos que utilizaremos, veremos na segunda parte como e por que a verdade científica é questionada radicalmente pela emergência das tecnociências. As ciências da natureza confrontadas com a complexidade aberta sobre uma nova era tecnocientífica que visa reconstruí-la, como é o caso, por meio de biotecnologias. Mas veremos igualmente que a convergência NBIC[9], acoplada ao desenvolvimento fascinante da IA no coração das nbic, conduz a uma nova revolução tecnocientífica. Mostraremos essa mudança epistemológica voltada para uma ciência de pilotagem por dados (*data-driven Science*).

Em seguida, na terceira parte, argumentaremos que essa mudança afeta tanto as ciências sociais, que integram a inteligência artificial, como as tecnociências. Isso ocasiona uma mudança semelhante no campo socioeconômico. O que já está largamente ocorrendo. A verdade científica clássica seria suplantada pela verdade do "predito pelo digital".

O centro do problema analisado é que essas tecnologias mudam de estatuto quando se tornam fortemente digitalizadas, *via* inteligência artificial (ia) e o processamento de megadados (*big data*). Os sistemas digitais não mais se aplicam para buscar as "causas" dos fenômenos científicos, mas identificam "correlações" permitindo predizer possíveis evoluções dos sistemas estudados, evoluções que o cientista não pode conceber sem o digital. "De assistente", o digital torna-se então "o piloto" das realizações tecnológicas, cuja compreensão profunda escapa cada vez mais ao próprio tecnocientista.

[9] Convergência NBIC: linhas entre Nanotecnologia, Biotecnologias, Ciências da Informação, Ciências Cognitivas.

Sendo o subtítulo da obra: *Desafios éticos em perspectiva de ciência e fé*, assumimos (quarta parte) um ponto de vista histórico e conceitual sobre as relações entre ciências, tecnociência, ética e fé cristã, a fim de situar o tema principal deste estudo no contexto histórico das relações "ciência e fé". Sublinharemos como se distinguem as relações "ciência e fé", estudadas nos anos de 1980 a 2000, por causa do estatuto específico das tecnociências e de seus embasamentos digitais e tecnológicos. Lançaremos, então, um olhar cristão sobre os novos desafios da revolução digital, no coração das tecnociências, e particularmente sobre a questão da ética prática, questionada pela impressionante ascensão da civilização algorítmica.

Tentaremos, enfim, (quinta parte) traduzir em termos de compromissos concretos nosso olhar cristão positivo e crítico em relação a essa ruptura da civilização digital. Mostraremos que a ecologia integral oferece um quadro novo para repensar o lugar das tecnociências digitalizadas hoje. E, antes de concluir, proporemos com base na ecologia integral sete bases estruturais éticas do pensamento social cristão, para as tecnociências digitais.

I

ALGUNS CONCEITOS-CHAVE PARA A COMPREENSÃO DESTE ENSAIO

I. A necessidade de conhecer

A necessidade de conhecer, isto é, tomar conhecimento das coisas de modo simbólico, tem sua origem provavelmente no que diz respeito à condição ancestral de sobrevivência. O ser humano, com efeito, estava pouco provido de defesas físicas naturais. Para ele, tratava-se, então, de adquirir uma capacidade de antecipação, de gestão mental dos fenômenos a seu redor (perigos, necessidade de se alimentar...). Essa possibilidade mental abstrata de imaginar, pensar e projetar, somada à experiência física, não para de crescer desde o tempo dos primeiros desenhos rupestres. O exercício de abstração pela razão lógica e o conjunto de modelações geométricas, aritméticas e matemáticas se aliaram à engenhosidade de métodos da experimentação rigorosa. E se desenvolveram de modo constante na história do processo de humanização.

Assim, no âmbito das ciências experimentais e das tecnociências, emergiram progressivamente as noções de "verdade científica" e de "experiência crítica" que podem questionar as ciências experimentais. Toda verdade científica é, então, compreendida como "provisória". Ela caminha muitas vezes maravilhada diante da imensidão do real que permanece ali sempre a ser descoberto. O infinito do espaço-tempo, e o infinito da complexidade do mundo.

Essa "verdade científica provisória" cruza continuamente os limites dependendo de novas descobertas e de convergências epistemológicas. Essas aumentam a capacidade de observação e de cálculos. Oferecem, desse modo, novas hipóteses e teorias que dão origem a novas experiências e assim por diante. Há séculos até hoje, a busca da verdade científica constitui o direcionamento para a vinda, no Ocidente, de uma sociedade científica e técnica, e a tecnocientífica de nossos dias.

É de se notar que a ciência no Ocidente se desenvolveu amplamente no mundo cristão, sem negligenciar outras contribuições. Ela o fez a partir principalmente da ideia de que a natureza foi criada por Deus e, portanto, ela mesma não é "divina". Ela é uma criatura que pode ser analisada, pode ser trabalhada e, do ponto de vista da Aliança entre Deus e sua criação, trata-se de cuidar dela. Mesmo que a história do Ocidente esteja marcada por conflitos severos entre Igreja e Ciência, a demanda científica sempre encontrou apoio no mundo cristão. Essencialmente, é sobre a questão antropológica (quem é o ser humano na natureza?) que se colocaram e, muitas vezes, continuam se colocando. No fundo, surgem questões de poder político e geopolítico.

II. Ética do conhecimento

A ética do conhecimento se refere à análise dos valores subjacentes à atividade de pesquisa em ciências e particularmente em tecnociência, e à prioridade de escolhas que se fazem. Já falamos da necessária integridade científica. Mostraremos, também, que o cientista, diante do real complexo, faz a escolha por sua inteligibilidade ("o mais incompreensível é que o real seja compreensível", teria dito Albert Einstein). Há entretanto muitas escolhas privilegiadas na busca da verdade para o cientista. Mostraremos que o tecnocientista está mais orientado à "previsão para agir" do que para a própria verdade científica. Isso corresponde a outra escolha, a outra postura diante do real, a outro tipo de decisão ética. Ambas as tendências são respeitáveis. Pode-se, contudo, fazer um discernimento sobre os valores priorizados pelos diferentes procedimentos. Há, de fato, uma convicção na base de um procedimento científico. Ele nos situa no domínio da ética, naquilo que chamamos de ética do conhecimento.

A decisão de construir sentido por meio de procedimento científico passa ao âmbito da ética segundo a intencionalidade do cientista (decisão pessoal), ou segundo suas práticas ligadas a essa decisão.

Assim, nas ciências do complexo, como a física dos sistemas e a biologia, a pesquisa da verdade pelos atores das diferentes disciplinas choca-se, muitas vezes, com contradições que poderiam desenhar um fundo de contrassenso. Os pesquisadores se veem, então, em meio a uma escolha moral que consiste em encontrar nisso possibilidades de sentido. Jean Ladrière mostra também que a dinâmica da razão se fundamenta em um cuidado ético que a precede[1]. Na dinâmica da razão, a escolha da inteligibilidade e da busca da verdade é central e motora.

Para Ladrière, o essencial se define pelo movimento de elevação para a vida moral a partir da busca, sempre em andamento, de novas representações do real, da verdade, e de acolhida das manifestações do real. A acolhida necessária a esse processo leva em consideração uma alteridade fundamental constituída notadamente pelo que resiste a nossas representações. A constituição do sujeito a partir dessa acolhida da alteridade é um elemento capital no processo moral. É na recepção do que não está em mim, que me constitui como sujeito. Essa alteridade não é em si um valor moral, mas corresponde a um processo de decisão no qual operam, ao mesmo tempo, o reconhecimento da alteridade e uma tensão para a unidade. É a abertura ao que é outro, a abertura ao universal que é de ordem da ética.

Como exemplo, eis algumas atitudes morais fundamentais na busca da verdade na complexidade[2]:

---

[1] Jean Ladrière, L'éthique et la dynamique de la raison, Descartes 7, Logique de l'éthique, Paris, Albin Michel, juin 1993.

[2] Thierry Magnin, *L'expérience de l'incomplétude*, Paris, Desclée de Brower, 2011, p. 198.

– Acolher a realidade como algo que resiste a nossas representações;

– Aceitar positivamente a incompletude de nossa compreensão da realidade;

– Buscar a reconstrução do sentido no fundo de não senso aparente;

– Abrir-se a uma alteridade fundamental;

– Confrontar-se com o real para se tornar um pesquisador de verdade científica;

– Abrir-se ao universal;

– Entrar no sentido do "mistério", quer dizer, aceitar jamais terminar de compreender a complexidade.

No âmbito das tecnociências digitalizadas, veremos que a pesquisa da verdade científica torna-se secundária em relação à "previsão para fazer". Outro quadro de valores, de decisões do tecnocientífico, intervém então. Os valores subjacentes à pesquisa tecnocientífica, comandada pelo digital, são diferentes daqueles do cientista diante da complexidade. Há uma mudança de postura em termos de ética do conhecimento. Essa mudança de postura, na ética do conhecimento, terá consequências na postura na ética aplicada, como iremos mostrar mais adiante.

Enfim, nossas escolhas éticas são marcadas pelo contexto, a educação e a cultura de cada um. As neurociências nos lembram disso, ajudando-nos a compreender que nossas escolhas, "pensamentos racionais", estão ligadas às emoções.

III. Ética aplicada

No final do século XVIII, Immanuel Kant introduz a distinção entre razão teórica e razão prática. Ele anunciou que a razão teórica busca conhecer o que é, para distinguir o verdadeiro do falso, ao passo que a razão prática dita o que deve ser, diferenciando assim o bem do mal.

A razão teórica, pela observação da natureza e dos fenômenos que ocorrem por necessidade ou condicionamento, elabora conceitos universais ou conhecimento teórico. Pensamos que, nesse ato de elaboração, desenha-se então uma "ética" própria (no sentido de uma disciplina de si, de uma espécie de ascese). Essa se prende aos valores subjacentes ao processo de elaboração de uma verdade científica. Seu foco é, portanto, sobre os princípios e valores subjacentes à distinção do verdadeiro e do falso. Está aí a fonte do que se chama hoje de "integridade científica".

A razão prática governa o agir. Há, pois, uma vontade que se prende e se submete a ela. A dimensão moral é, portanto, subjacente. Trata-se de valores relacionados ao discernimento entre o bem e o mal.

Dentro da ética aplicada, no campo das ciências e tecnologias, pode-se então distinguir dois aspectos. Por exemplo, aquele que busca discernir o bem e o mal *a priori*, como se fosse *in vitro*, em usos aplicáveis de uma descoberta (chama-se isso, frequentemente, de "ética aplicada"). Aquele que, em seguida, conduz a mesma pesquisa, mas ao vivo durante o trajeto da ação (é chamada, então, de "ética prática").

A ética, aplicada e prática, diz respeito também à "integridade científica", citada anteriormente. Essas duas formas éticas dependem, em parte, da maneira como é construído o conhecimento científico que subentende as aplicações tecnológicas. Introduzimos, pois, neste livro, com outros autores, como Jean Ladrière, a noção de "ética do conhecimento". Este último contém não apenas a escolha da integridade científica, mas também os diferentes valores que fundamentam o conjunto de meios na elaboração do conhecimento.

IV. Técnicas, ciências e tecnociências

A técnica começa prolongando os gestos físicos humanos. Torna-os mais potentes, mais precisos, mais amplos e mais rápidos. Abriu também, por exemplo, novas oportunidades pelo domínio do fogo; e depois, a força da água e do vento. Dotou o ser humano de possibilidades novas, permitindo-lhe superar suas características naturais. É a "exo-somatização". Conseguiu-se, assim, cortar a carne, cozinhá-la, talhar a pedra, depois trabalhar, cultivar, navegar ... Mas o braço e a força física do humano permaneciam indispensáveis assim como sua inteligência para usar a ferramenta e comandar o gesto. Em seguida, toma-se o animal para transporte e força. Depois, a mecânica se automatizou de modo energético e foi adquirindo mobilidade (poder da água, do vento, vapor, motor à explosão e motor elétrico, e assim por diante).

Mais tarde, deu-se um segundo estágio da técnica por meio da "exo-somatização" de uma parte crescente das capacidades do cérebro humano: o cálculo, o raciocínio lógico e a memorização. É o advento da informática. Aqui de novo explodiu o poder do cérebro humano agora aumentado: velocidade de cálculo, memorização maciça, comunicação. Mas esses instrumentos continuaram como auxiliares na percepção dos fenômenos, compreensão humana e produção de ferramentas. A inteligência humana permanecia no coração dos desenvolvimentos técnicos.

Se a técnica precedeu a ciência na história dos homens, sua aproximação muito contribuiu para o andamento científico experimental por compreender o real matematizado. A técnica permitiu, por sua vez, observações cada vez mais precisas, e a realização de experiências críticas mais e mais completas. Essas interações consolidaram o processo de "compreender para prever e fazer" e o desenvolvimento de técnicas novas, compreendidas, então, como o braço armado da ciência. Indo a par com esse desenvolvimento, os trabalhos de epistemologia das ciências permitiram definir melhor as relações entre sujeito e objeto *via* a teoria da medição. Eles questionaram a objetividade absoluta da ciência (cf. história da física quântica no século XX, teorema de Gödel...).

As tecnociências surgiram, em seguida, como um novo acoplamento entre ciência e técnicas, comandado pelo fazer (tecnoeconômico mais exatamente). Estava destinado a simplificar uma natureza complexa para tentar reconstruí-la (métodos *top-down* e *bottom-up*). Voltaremos a isso com mais detalhe no capítulo seguinte.

Nesse contexto, o humano conserva o controle na produção dos algoritmos de automatização. Compreende, modela e reproduz os fenômenos que geram ou dominam, mesmo que seja por meio de probabilidades. A compreensão dos fenômenos por suas sequências ou por uso de técnicas passa a maior parte do tempo pelas matemáticas e / ou pela lógica. Em síntese, "conhecer para fazer" e "fazer para conhecer".

Mas, quando o digital e o algoritmo se tornam o motor principal do desenvolvimento das tecnociências e de suas convergências, a situação muda, como vamos mostrar nos capítulos seguintes. O estatuto da verdade científica se modifica profundamente quando as tecnociências são comandadas pelo digital. Essa ruptura é o objeto de nosso estudo. Ela consiste em uma análise epistemológica e na demonstração de uma ruptura na ética do conhecimento. Por um lado, induz, igualmente, as graves consequências em matéria da ética prática; e por outro lado ressalta uma transformação de postura no diálogo entre ciência e fé.

II

A VERDADE CIENTÍFICA QUESTIONADA PELA EMERGÊNCIA DAS TECNOLOGIAS

Nexo com o tema geral

Depois de ter introduzido alguns conceitos que utilizaremos na sequência do ensaio (primeira parte), veremos como e porque a verdade científica é radicalmente questionada pela emergência das tecnociências (segunda parte). As ciências da natureza confrontadas com a complexidade aberta por uma nova era tecnocientífica que visa reconstruir a natureza, como é o caso da biotecnologia. Mas veremos também que a convergência NBIC acoplada ao desenvolvimento fulgurante da IA no centro da NBIC nos conduz para uma nova revolução tecnocientífica. Ilustraremos essa oscilante epistemologia para uma ciência de pilotagem por dados (data-driven Science).

1
COMPLEXIDADE E TECNOCIÊNCIAS

I. Quando as ciências da natureza se confrontam com a complexidade

O principal objetivo dos cientistas não é descobrir a verdade, obter a melhor representação possível do mundo tal como ele é em si mesmo? Geralmente, situa-se a verdade científica na adequação entre a inteligência humana e o real. "É verdade o que pode ser cientificamente demonstrado", diz-se muitas vezes. Com isso, a pergunta "o que é a verdade?" se mostra diretamente ligada à questão "o que é o real?", estudado pela ciência. Alguns cientistas até pensam que encontrarão, um dia, uma teoria unificadora das grandes forças da física. Isso seria o triunfo da razão humana. Ela poderia então permitir ao ser humano conhecer o pensamento de Deus, dizem alguns. Mas o que dizer da evolução do conceito de verdade em ciência?

Depois de Galileu, três postulados da ciência moderna podem ser assim expressos: existem leis naturais universais de caráter matemático; a descoberta dessas leis pela experiência científica é possível por meio do método experimental; não importa quem, fazendo as mesmas experiências nas mesmas condições, deve encontrar os mesmos resultados (reprodutibilidade das experiências).

O cientista utiliza modelos físicos e matemáticos para representar o real. Esses modelos são construções. Observações, graças aos instrumentos de medição, hipóteses e teorias, modelos matemáticos, o vai-e-vem entre teorias e experiências, constituem os ingredientes principais do que é chamado de método científico. Com grande diferença da ciência, segundo Aristóteles, aqui é a descoberta das leis da matemática que dão a chave dos fenômenos observáveis a ponto de poder reproduzi-los para melhor prevê-los e os quantificar. Essa passagem das ciências naturais descritivas para as ciências físicas matemáticas ressalta a importância radical das equações matemáticas na aproximação da verdade científica.

Após Galileu surge a ideia de que o livro da natureza foi escrito em linguagem matemática. São as figuras geométricas de Galileu, depois a álgebra e, por fim, o triunfo principalmente da física matemática de Newton. Ciências físicas e matematização parecem, então, intimamente ligadas em uma relação de cofertilização. Não é preciso, contudo, sublinhar que é o ser humano quem lê e escreve o livro da natureza. Estabelece então uma relação com o real por meio de modelização. No coração dessas modelizações, encontram-se as noções de regularidade dos fenômenos e da causalidade, com a ideia de que as mesmas causas produzem os mesmos efeitos. Este último elemento está na base da ciência experimental, que busca reproduzir o encadeamento de causas e efeitos a fim de validar as teorias explicativas. Notamos aqui a importância da ligação entre ciência e técnicas experimentais na procura de uma verdade científica que se sabe ser sempre provisória.

Em sua confrontação com o real, o cientista constrói modelos para o representar a fim de melhorar progressivamente sua compreensão em uma ida e vinda entre teoria e experiência. Como dizia Pierre Duhem em seu livro *La theorie physique. Son objet, sa structure*, (A teoria física. Seu objeto, sua estrutura) trata-se de criar uma imagem visível e palpável das leis da natureza e do funcionamento do real estudado[1].

Assim, de Galileu a Newton, vemos a subida ao poder do reino da física matemática. Ela foi simbolizada pela grande síntese que Newton faz em seus *Princípios matemáticos da filosofia natural*[2]. De agora em diante, a verdade de uma teoria repousa na perfeita reprodução da experiência, no determinismo absoluto dos fenômenos.

[1] Pierre Duhem, La théorie physique. *Son objet, sa structure*, Paris, Vrin, 1914.

[2] Isaac Newton, Philosophiae naturalis principia mathematica (Principes mathématiques de la philosophie naturelle), Londres, S. Pepys, 1687.

Laplace (1749-1827) simboliza o sonho do saber absoluto para as ciências no mundo e sua evolução, e isso por meio das leis matemáticas. A linguagem matemática foi enriquecida pelas noções de probabilidade que permitem exprimir os conceitos de verossimilhança (quase certo). No entanto a utilização das probabilidades nas ciências da natureza não se fará realmente senão a partir do século XIX na física e na biologia.

Mas a correspondência direta da ciência com o mundo empírico, e a visão do real que lhe está ligada, vão se chocar com a complexidade. Diante da complexidade do real empírico, o cientista vai aprender a viver com a incerteza, o imprevisível, o impredizível e a incompletude[3]. A história da física quântica por um lado, das ciências da complexidade (do inerte e do vivente) por outro, indica então uma nova postura do cientista diante do real.

Assim, para a física quântica, *medir e conhecer é agir sobre o real.* O conhecido é inseparável do sujeito que conhece. Porque o ser humano é obrigado a construir dele uma representação com as imagens, a linguagem e os conceitos (o que é sabido desde longo tempo). Mas também, e acima de tudo, porque o conhecimento, que ele adquire do elementar, modifica-o. Trata-se de um novo status do observador em que o objeto observado e o sujeito observador estão intrinsecamente ligados.

Por outro lado, Poincaré, em seguida, muitos outros cientistas se interessam pelos sistemas complexos nos quais interveem numerosas interações. Eles mostraram que o sonho laplaciano do determinismo era uma ilusão. Desde que um sistema tenha mais de dois corpos em interação, a previsão completa de sua evolução é impossível. Poincaré está também na origem da noção da imprevisibilidade. Ela caracteriza o comportamento de um sistema complexo, ainda, regido por equações de evolução determinista. A sensibilidade pelas condições iniciais torna caduca o sonho laplaciano. Não pode existir descrição exaustiva do real acessível pelas ciências.

[3] O primeiro teorema da incompletude de Gödel enuncia que, sob hipóteses razoáveis, alguma teoria aritmética coerente não é completa. Este conceito foi a seguir generalizado às vezes um pouco abusivamente para designar o fato de que é impossível descrever, modelar completamente um fenômeno ou um elemento do real empírico. Ver Thierry Magnin, *L'expérience de l'incomplétude*, op. cit.

A ideia de certeza em ciência, que tinha irradiação maior até então, teve de ser progressivamente abandonada. O que é um evento na pesquisa da verdade científica. Ilya Prigogine e os cientistas analisaram, em seguida, o comportamento dos sistemas ditos "dispersadores de energia". Os sistemas biológicos, nos quais uma ordem química aparecia no interior de uma desordem crescente, são disso um exemplo. Eles confirmam essa imprevisibilidade.

Algo escapa, algo que vem da origem. Parece que, tanto o estudo da lógica (Gödel), como aquele da estrutura da matéria (Heisenberg) ou o da evolução irreversível (Prigogine) levam à mesma observação da incompletude. É o mesmo horizonte da imprevisibilidade, a mesma impossibilidade de limitar o verdadeiro à totalidade daquilo que se pode ser dito, formalmente demonstrado ou imediatamente medido. Fazer uma teoria do conhecimento leva a reconhecer que algo nos escapa, o que não significa um relativismo generalizado!

O que leva filósofos da ciência, como Karl Popper, a dizerem, retomando as ideias de Pierre Duhem: "o antigo ideal científico da episteme, o ideal de um conhecimento absolutamente certo e demonstrável, revelou-se um ídolo. A exigência da objetividade científica torna inevitável que todo enunciado científico permaneça necessariamente e para sempre como um ensaio... Com o ídolo da certeza (que inclui o da certeza imperfeita ou probabilidade) cai uma das defesas do obscurantismo, que põe obstáculos no caminho do progresso científico. Porque a homenagem prestada a esse ídolo não apenas reprime a audácia de nossas ações, mas por outra compromete o rigor e a honestidade de nossos testes. Porque o que faz o ser humano de ciência não é a posse de conhecimentos, de irrefutáveis verdades, mas a pesquisa obstinada e audaciosamente crítica da verdade"[4].

[4] Karl Popper, La logique de la vérité scientifique, Paris, Payot, 1978, p. 286-287.

Diante do "muro da complexidade" e incompletude do científico, como continuar o movimento do "saber para agir"? De uma parte pelas ciências da informação (I), e de outra pelas tecnociências (nanotecnologias, biotecnologias, ciências cognoscitivas), pois, em suas convergências, NBIC trazem novos modos de conhecimento, de predição e de ação, que querem, por sua vez, induzir uma nova transformação profunda do conceito de verdade científica.

Mostraremos que, enquanto a postura do cientista é a do "saber para fazer", o do tecnicocientista será mais de "conhecer pelo fazer" e até "fazer para conhecer". Com as tecnociências, incluindo os últimos desenvolvimentos da IA, passaremos à prioridade do "prever para fazer".

Como cada um deles sabe, toda a ciência é reducionista, e é normal. Mas as tecnociências implicam um reducionismo diferente das ciências exatas, como se vê, por exemplo, na comparação entre biotecnologia e biologia.

II. Tecnociências para reconstruir a natureza: o caso das biotecnologias

Nas biotecnologias, o ser vivo é "reduzido" a suas funcionalidades (maquinário vivo), reconstruindo-o de forma simplificada e selecionando só aspectos funcionais, para em seguida fazer a modelagem (*design*) do que se deseja. Essas tecnologias são, então, como uma espécie de trabalho do engenheiro-modelador chamado *designer* em inglês. Este utiliza tanto os métodos *top-down* (de cima para baixo) como os procedimentos *bottom-up* (de baixo para cima) para simplificar o ser vivo até obter uma "máquina elementar" reproduzindo uma funcionalidade desejada. Nesse caso, monta peças elementares, como no jogo de Lego, até obter uma dada funcionalidade (busca um mínimo de "chassis" ou estrutura funcional).

Nesse campo das biotecnologias, os tecnocientistas sempre procuram dominar o ser vivo e reduzir o acaso das teorias da evolução, propondo a teoria sintética. Alguns pensam, além disso, que a "natureza modelou o ser vivo" durante muito tempo "entre o acaso e a necessidade" e que o ser humano pode, hoje em dia, fazer melhor, reduzindo e até evitando toda forma de acaso. É o que se subentende pelo termo *design*, em inglês.

Ao mesmo tempo, a biologia trabalha a complexidade do ser vivo, com o jogo das interações entre parâmetros e sistemas, incluindo um grau de indeterminismo e de imprevisibilidade (como indicado anteriormente). O estudo dos efeitos epigenéticos é um bom exemplo. A biologia põe em evidência a influência do meio ambiente (biológico e psíquico) na expressão dos genes. Encontra-se isso em neurociências com os efeitos da plasticidade cerebral que mostra a evolução dos neurônios e das sinapses ao longo da existência em função notadamente do ambiente e da experiência.

A relação com o ser vivo é, portanto, diferente. Em biotecnologias ele é "reduzido" a uma máquina e suas funções, sobre as quais o ser humano age para compreender. Trabalha peças do ser vivo artificial para reconstituir o ser vivo natural e tenta modelar essas funcionalidades em vista de um ser eficaz. Há uma busca de resultados, não apenas para copiar o ser vivo, mas, às vezes, também, para tentar "fazer melhor" o que a natureza levou longo tempo para produzir. Esse objetivo é plenamente justificado do ponto de vista científico, enquanto esse reducionismo for explicitamente assumido. Mas não é sempre o caso. Acontece de esquecer e até mesmo omitir esse reducionismo, o que leva a uma confusão entre o próprio ser vivo e a representação, reduzida às capacidades de simulação e de cálculo que se faz dele.

O modo de redução da biologia é outro. Ela integra as interações da complexidade (muito diferente do Lego) e se inscreve na importante evolução do lugar do "sujeito conhecedor" nas ciências ditas "duras". Descobre aí a influência particular do assunto no estudo da vida humana.

Está claro que as tecnociências não chegaram hoje a esse ponto. Seu "reducionismo metodológico" não leva a perceber as sutilezas das ciências da complexidade. Notamos, no entanto, que as biotecnologias estão agora trabalhando no nível das nanociências para as quais os efeitos quânticos se fazem sentir. As relações sujeito-objeto da física quântica teriam aqui sua pertinência. Mas igualmente outras formas de interação sujeito-objeto evocadas acima pela biologia.

As consequências éticas dessas diferenças epistemológicas são fortes, dadas as diferentes posturas dos sujeitos conhecedores e atores, assim como o "lugar do ser humano" em relação aos sistemas. Emergem aqui diferentes visões sobre a natureza e sobre o ser vivo em geral, e o ser humano em particular. Tanto quanto as dimensões de "máquina viva" e "design" são prioritárias nas tecnociências, assim também as interações de sistemas (por simbioses) e o lugar do sujeito são marcantes para a biologia. Daí o interesse de pôr em relação ciências e tecnociências, distinguindo bem seus objetivos sem, contudo, separá-las radicalmente.

Além disso, essas novas conexões tecnocientíficas aceleraram, de modo considerável, o tempo de "passagem ao mercado" e até o envolvimento do mercado na pesquisa. Isso induz uma ligação suplementar, a ligação tecno-econômica. Com isso, a ética das tecnociências aparece em um contexto novo, notadamente conduzida pelo paradigma tecno-econômico. Nisso, ela é diferente da ética das ciências.

2

A CONVERGÊNCIA ENTRE NANOTECNOLOGIA, BIOTECNOLOGIAS, CIÊNCIAS DA INFORMAÇÃO E CIÊNCIAS COGNITIVAS (NBIC), E O RÁPIDO DESENVOLVIMENTO DA IA

I. A convergência NBIC

A cronologia entre ciências da complexidade e tecnociências (o termo surge a partir de 1970-1980) passa pelas nanociências que abrem o caminho para as nanotecnologias. A origem principal disso é a invenção do microscópio com efeito túnel. Ele funciona como um verdadeiro "telescópio" permitindo a observação de superfícies e se torna um instrumento de produção em nanotecnologias. Isso é muito significativo na mudança de paradigma entre conhecer nanociências e fazer nanotecnologias!

As nanociências, as nanotecnologias e as nanobiotecnologias

As nanociências desabrocham sobre nanotecnologias que possibilitam a fabricação de novas moléculas inertes. Isso possibilita igualmente nanobiotecnologias para fabricar moléculas "vivas" (DNA, pedaços de vírus), o que vem revolucionar a genética e a biologia abrindo novos campos de compreensão e de intervenção nos mecanismos vitais (imunidade, metabolismo, genética...).

A simulação digital e a fabricação de proteínas, cadeias proteicas, vírus, bactérias, células, e até órgãos, progridem a passos largos.

Elas permitem uma réplica cada vez mais próxima do original, às vezes, até mais perfeita. Uma vida "naturficial" já existe assim nos laboratórios. Os componentes estão prestes a invadir os corpos, como próteses mais próximas do conceito de enxerto do que de implante.

Esse termo "naturficial" foi proposto em escritos anteriores a Pierre Giorgini. Designa estruturas inertes e vivas, manipuladas e manufaturadas pela tecnologia, cujo caráter natural ou artificial é impossível diferenciar. O exemplo típico são aquelas plantas que, por engenharia genética, clareiam de noite ao reproduzir uma das características do pirilampo. Ou, ainda, o caso de bactérias programadas para realizar as funções inexistentes em seu estado natural. Tudo isso, aplicado ao ser humano, permitiria repará-lo, aumentá-lo, vaciná-lo (artifícios virais, rna mensageiro...).

Esses objetos "naturficiais", microssistemas nanométricos, poderão intervir em qualquer função vital. Especialmente na reprodução biológica onde iria influenciá-la, corrigi-la, sujeitá-la mais ou menos ao desejo de um terceiro genitor, inseminando naturalmente ou *naturficialmente* um corpo.

Ressaltamos aqui que a postura dos cientistas que trabalham com as nanociências continua se situando na tradição das ciências experimentais (saber para fazer), enquanto que aqueles que utilizam as nanobiotecnologias estão mais com a postura do engenheiro, ou seja, no "fazer para saber e modelar (designer)".

As neurociências e as neurotecnologias

As neurociências surgem graças aos progressos consideráveis na observação microscópica sobre o cérebro humano que oferecem uma visão, cada vez mais precisa, de seu funcionamento. Permitem a emergência de neurotecnologias capazes de fabricar implantes introduzidos no interior do cérebro humano para reparar as deficiências (tremor de Parkinson) ou para aumentar-lhe as capacidades (estimulação neural).

As neurociências trabalham com a complexidade do cérebro, principalmente por meio da compreensão dos princípios de plasticidade cerebral. Esses últimos revolucionam as concepções do equilíbrio entre o inato e o adquirido e, portanto, de livre-arbítrio e liberdade[5].

Ressaltamos novamente que a postura dos cientistas, que trabalham com as neurociências, continua a se situar na tradição das ciências experimentais (ciências da complexidade), enquanto que aqueles que utilizam as neurotecnologias estão mais na postura de engenheiro que intervém no cérebro. Mas os neurotecnologias abrem-se igualmente à capacidade de "imitar" por técnicas artificiais, e talvez um dia, "naturficiais", uma parte do fundamento do cérebro humano (redes de neurônios artificiais de que falaremos mais adiante).

A dupla força das NBIC

A conjunção de dois elementos chaves está na base do poder das NBIC.

1. O "i" como "informação" se entende como numérico/digital, e os poderes de cálculo são tais que é possível, um dia, pensar em usar processadores quânticos, por exemplo, para numerar/digitalizar qualquer sistema complexo. Permanecem duas questões a serem levadas em consideração: a passagem entre matéria e informação não é uma primeira redução principalmente para a matéria viva? E, além disso, toda "informação" é digitalizável?

2. O "n" de "nano" exprime que toda matéria pode ser transformada em nanociências, como já mencionado. Assim, um gene pode ser fabricado hoje dessa forma graças às nanotecnologias. As nanotecnologias estão em pleno desenvolvimento. Não há diferença em termos de nanômetro entre o ser inerte e o vivo.

Há, portanto, na convergência NBIC um duplo efeito sobre o i e o n que já introduz grandes novidades e novas potencialidades de ação, especialmente com a explosão dos poderes de cálculo.

---

[5] Arnold Munnich, *Programmé mais libre*, Paris, Plon, 2016.

Tudo isso levou, aliás, ao relatório americano de 2002: "Converging technologies for improving human performance" (Convergindo tecnologias para melhorar o desempenho humano) em propor um programa, chamado de futuro. Trata-se de um texto programático muito significativo de transformação de perspectivas em relação às tecnociências, principalmente por meio do aperfeiçoamento de desempenhos humanos. Ao falar do ser vivo artificial, diz entre outras: "Se os gens do conhecimento podem pensar, os gens dos nanos podem construir, os gens da bio podem implantá-lo e os das técnicas da informação podem monitorá-lo e controlá-lo". É notável a influência crescente do i para comandá-lo, com as consequências que iremos indicar no parágrafo seguinte. Principalmente a provável substituição gradativa dos gens do conhecimento por máquinas que "pensam" em seu lugar. É, aliás, uma das bases do pensamento transhumanista.

II. A IA no coração das NBIC: rumo a uma nova revolução tecnocientífica

Aspectos gerais

A inteligência artificial (IA) é um conjunto de técnicas digitais performáticas que permite o processamento de uma grande quantidade de dados que ninguém consegue conjugar sozinho. A título de exemplo, os recursos à IA na obtenção e análise de imagens médicas já estão adotados para diagnosticar os primeiros indícios de um melanoma, a fim de tratá-lo o mais rápido possível. E assim tantos outros exemplos nas áreas da saúde, segurança, economia, transporte...

Um dos aspectos-chave das técnicas de processamento de grandes quantidades de dados, além do "grande número", está a capacidade de busca e conjugação de referências cruzadas de grande porte, gerando diferentes classificações. Elaborado por algoritmos direcionados (às vezes, cultivados de modo ágil pela aprendizagem de máquina), essa capacidade permite reconstruir dados especificamente estruturados, com uma criação de valor adaptado ao contexto. Aprendizagem profunda e processamento de megadados (*big data*) para informações específicas sobre pacientes (dossiê eletrônico de saúde, ensaios clínicos agregados, dados de sequenciamento biomolecular etc.) permitem assim a concepção de sistemas de apoio para a decisão clínica e abrem caminho para uma medicina personalizada. Tudo isso é muito positivo!

Mas a IA põe também numerosas questões de ética, entre as quais se destaca a questão da transparência dos algoritmos utilizados; por exemplo, para a previsão de riscos nas questões de segurança, ou melhor, a questão do uso de "robôs inteligentes" em substituição a humanos, ou a transformação das atividades do médico, no interior dos sistemas de saúde. Além do mais, pode-se citar o reconhecimento facial que, combinado com um perfil individual de hábitos sociais (deslocamentos, comunidade...), pode conduzir à antecipação de delito (terrorismo, violência conjugal...), com benefícios e riscos para a sociedade!

A IA: da aprendizagem simples à aprendizagem profunda

A IA tenta imitar o funcionamento lógico do cérebro humano, e uma parte sempre crescente de suas funções. A máquina de calcular iniciou esse processo há vários séculos. A máquina mais visada hoje possui a capacidade de aprender a partir da experiência. Veremos, em seguida, que há dois tipos de aprendizagem da máquina, aquele que se faz em laboratório a fim de fixar uma capacidade de reconhecimento ou de reação em um dado contexto (*machine learning, aprendizagem da máquina*) e aquele que continua a evoluir, a aprender, durante a exploração do sistema *deep learning* (aprendizagem profunda). Um primeiro avanço se desdobra, portanto, a partir da *aprendizagem da máquina*, já largamente utilizada.

Esse avanço provém das técnicas de aprendizagem dita "profunda", termo usado para implementar rede de neurônios artificiais e a produção de "caixas pretas" capazes de aprender com a experiência (mesmo nova) e de "tomar decisões". A aprendizagem profunda pode propor soluções e agir sem que o ser humano possa compreender o porquê.

Fala-se também, muitas vezes, de aprendizagem supervisionada e não supervisionada.

A aprendizagem supervisionada

Embora os dois tipos de aprendizagem suponham alguma inteligência artificial, no primeiro caso, um pesquisador está ali para "guiar" o algoritmo no caminho da aprendizagem fornecendo-lhe exemplos que julga convincentes, depois de ter previamente etiquetado os resultados obtidos. A inteligência artificial aprende então de cada exemplo ajustando seus parâmetros (os pesos dos neurônios) de modo a diminuir a falha entre os resultados obtidos e os resultados esperados. A margem de erro é assim reduzida ao longo do treinamento, com o objetivo de que seja capaz de generalizar seu aprendizado para novos casos.

A aprendizagem não supervisionada

No caso da aprendizagem não supervisionada, o aprendizado pela máquina se faz de modo totalmente autônomo. São então comunicados dados à máquina sem lhe fornecer os exemplos de resultados esperados na saída. Se, no papel, essa solução parece ideal porque ela não necessita de grandes conjuntos de dados etiquetados (cujos resultados alcançados são conhecidos e comunicados ao algoritmo), é importante compreender que esses dois tipos de aprendizado não são por si adequados aos mesmos tipos de situação.

Casos de uso diferentes

A aprendizagem não supervisionada é principalmente utilizada em matéria de "*clustering*", procedimento destinado a reagrupar um conjunto de elementos heterogêneos sob forma de subgrupos homogêneos ou ligados por características comuns. A máquina faz, então, ela mesma as aproximações em função dessas características que ela está em condições de perceber sem necessitar intervenção externa. Dessa capacidade de realizar um "*clustering*", decorre também a possibilidade de fixar um sistema de recomendação (o sistema pode, por exemplo, recomendar um livro ou um filme a um usuário em função dos gostos de usuários que compartilham características comuns), como igualmente a possibilidade de fixar um sistema de detecção de anomalias.

Além disso, é preciso saber que existem outros tipos de aprendizagem: a aprendizagem semi-supervisionada, que não é nem mais nem menos um misto de aprendizagem supervisionada e não supervisionada, com a aprendizagem *profunda*, de autonomia da máquina.

A aprendizagem profunda (*deep learning*), com outros métodos de aprendizagem profunda, conduz a uma "IA forte", com ou sem algoritmos. Pode dar esperança de uma novidade radical nas possibilidades de fabricação por meio de NBIC (*convergência nano-bio-info-cognitiva*) de onde vem a capacidade de introduzir complexidade em seus produtos. Ora, essa separa atualmente os seres vivos naturais e artificiais. A esse ponto, vamos falar de máquinas em que a "existência precede a essência". Utilizaremos de várias formas essa dualidade entre essência e existência. Essa distinção buscada na filosofia é algo que merece ser esclarecido nesse contexto.

Segundo Aristóteles, para um garfo, a essência, isto é, aquilo que está inteiramente contido em sua concepção, sua matéria, sua constituição, determina e é determinado pelo uso para o qual é feito: comer com higiene. A intenção de quem o concebeu está contida inteira e definitivamente no objeto. Mesmo que seu uso seja desviado, não sendo distorcida sua forma, o garfo não aprende com sua experiência. Sua utilização está totalmente prevista em sua concepção de garfo. Nesse caso, diremos que sua essência tem precedência sobre sua existência. Por outro lado, no caso de objetos dotados de capacidades autônomas de aprendizagem e, portanto, de inventarem por si uma nova essência para novos usos, poderíamos dizer que, para esses objetos, a existência prevalece sobre a essência estabelecida por quem os concebeu.

É o caso, hoje, para as redes neurais ditas "profundas", cujo teste em prova de erros no reconhecimento de formas leva essas máquinas a elaborar, por si mesmas, as categorias classificatórias mais corretas que permitem o reconhecimento do que se busca. O coração do dispositivo (essência) é uma arquitetura em neurônios artificiais, que, de modo puramente heurístico, regula a tensão elétrica de suas sinapses em função do fracasso ou sucesso no reconhecimento, por meio de testes em prova de erros numa velocidade eletrônica. A essência é, pois, quase universal e a eficiência é produzida pela experiência, com uma capacidade intrínseca digitalizável, mas matematizável (complexidade de combinações possíveis pela intensidade interneural – sinapses).

A extensão dessa transformação é então muito dependente da velocidade de processamento e, sobretudo, da amplidão de dados atualizados a serem analisados. Uma aceleração exponencial dessa transformação poderia ser produzida pelo poder de análise maciça de dados e das correlações. O hiperpoder das máquinas, mas também a integração e a massificação dos processadores e das memórias de armazenamento resultantes de sua interconexão em escala planetária, amplificariam ainda mais a transformação.

A IA e as NBIC

Uma segunda transformação ocorre com a introdução da IA na gestão das NBIC. Ela permite testar, e até simular, um grande número de combinações na natureza, muito melhor que o ser humano, e sem ter acesso a uma "compreensão dos fenômenos". Uma questão aí se impõe: a IA não atinge, neste caso, um grau de complexidade sem o ser humano?

A utilização programada da inteligência artificial na produção de organismo vivo pode permitir restaurar alguma forma de complexidade em "seres vivos simplificados" sobre os quais versam as biotecnologias atuais. A convergência NBIC causa preocupação, e vamos esboçar algumas pistas nesse sentido. Vamos nos perguntar se a IA poderia apressar essa convergência NBIC em uma nova transição científica no amanhã.

Como se pensou até hoje, as leis da natureza são escritas em linguagem matemática. A matéria e a energia são "matematizáveis". A resolução das equações matemáticas passa amplamente hoje pelo digital. "Matematizável" e "digitalizável", de fato, não são equivalentes. Surge a questão: tudo é digitalizável como os tecnocientistas parecem pensar? Alguns neurotecnólogos acrescentam que "pensar é calcular" (como na pesquisa do *Human Brain Project* na Suíça).

Temos visto, contudo, que as NBIC conduzem atualmente a uma visão dos sistemas materiais tipo, Lego, incluindo a produção de seres vivos artificiais. Está muito longe dos seres vivos naturais complexos e ricos nesta complexidade (principalmente ricos em resiliência, em adaptabilidade, aliando – como veremos mais à frente – "robustez e vulnerabilidade", permitindo as adaptações necessárias).

Assim, para construir um ser vivo *da base para cima* (*bottom-up*), por exemplo, a IA permite encontrar as melhores soluções para as combinações atômicas e moleculares necessárias para aumentar o grau de complexidade e os desempenhos funcionais (visados) do ser vivo artificial, sem para tanto "compreender" os mecanismos psicoquímicos inerente à complexidade e responsáveis por esses desempenhos!

Trata-se de uma aproximação por tateamentos e cálculos, e cálculos ultrarrápidos que permitem testar um número quase infinito de combinações possíveis, até selecionar as melhores, desconhecidas ao ser humano por si só. Esse tateamento digital acelerado corresponderia àquele onde a natureza "tenta" soluções que a seleção natural vai arquivar ou não, "entre o acaso e a necessidade": esse "tateamento digital" é ultrarrápido, o que reduz também a fase "acaso" e ainda mais abrindo a possibilidade de produzir um ser vivo sob medida. Se esta visão se realizar, então, sim, veremos uma nova revolução científica! Mas é de fato a complexidade do ser vivente natural que estaria aqui sendo restaurada, e até *modelada*?

Desafios maiores permanecem: por exemplo, pode-se simular digitalmente a evolução de um gene em um genoma. Mas quando esse genoma artificial for colocado em uma célula viva, os efeitos epigenéticos mudam a situação. Se a célula viva na qual foi colocado for artificial (notamos que não se sabe o que fazer das células vivas artificiais hoje), de que natureza serão os efeitos epigenéticos? Os efeitos biológicos e psíquicos, inerentes a cada pessoa humana em um dado contexto, podem ser levados em consideração pelo digital? Se não podem (ou se isso não é desejado pelos produtores), de que ser vivo se fala então? O ponto de partida seria, portanto, tomar o ser vivo natural como "modelo (biomimetismo). Pelas NBIC e pela nova revolução científica aqui prospectada, não estamos mudando de modelo?

Isso ficou muito claro atualmente na frustração ocorrida com o Covid-19 pelo uso de medicamentos eficazes *in vitro*, inclusive em pulmões "naturficiais". Esses são conjuntos de células pulmonares provenientes de pacientes doentes e integradas em ambientes que tentam reproduzir a complexidade do funcionamento dos pulmões. Apesar da eficácia *in vitro* muito próxima do *in vivo*, a realidade é totalmente outra.

IA e máquinas quânticas: um cenário controvertido, mas cuja hipótese não pode ser descartada

O poder futuro da inteligência artificial, em sua capacidade de simulação em escala quântica de fenômenos complexos, torna inimaginável o poder da IA. Não seria mais uma questão de modelar e executar algoritmos dedicados a resolver uma situação, mas de recriar as situações reais em escala quântica, de pôr o sistema em funcionamento e observar o que foi produzido.

3
ALGUMAS ILUSTRAÇÕES DE MUDANÇA EPISTEMOLÓGICA

I. A IA em medicina: aplicações em doenças ligadas à macrobiótica intestinal

Concentremo-nos nos desafios éticos da IA no domínio da saúde, particularmente nos "processos de aprendizagem profunda" utilizados em análises médicas para ajudar o médico. Um exemplo está nas correlações entre a microbiótica intestinal humana e algumas doenças.

No contexto de um contrato de pesquisa europeia sobre esse assunto[6], o objetivo era quantificar o impacto da microbiótica intestinal humana na saúde e em certas doenças. Era utilizada a tecnologia da metagenômica quantitativa e funcional. Essa última é uma genômica ambiental, correspondente a um método de estudo de conteúdo genético de amostras provenientes de ambientes complexos como o intestino.

O comportamento da microbiótica pode ter efeitos nas perturbações ou doenças cardiovasculares (indo da obesidade e da diabetes à insuficiência cardíaca). Essas doenças constituem um desafio médico, social e econômico extremamente agudo, que se tornará cada vez mais problemático com o envelhecimento da população. Elas são o centro de uma rede complexa de fatores de interferência, entre os quais: o genoma do indivíduo, os parâmetros ambientais (como a poluição ou o ambiente *in utero*) e as especificidades de modos de vida (como os hábitos alimentares). Entretanto é muito importante notar que aqui os mecanismos de estruturas causais permanecem obscuros!

---

[6] Com o Inserm, ver Mathieu Guillermin et Thierry Magnin, "Big Data for Biomedical Research and Personalized Medicine: an Epistemological and Ethical Cross-Analysis", HSS, 2017, vol. VI, n. 3, p. 13-36.

O programa de pesquisa emprega uma abordagem da aprendizagem profunda e megadados (*big data*) por meio de uma estrutura para vários níveis, enraizada na biologia e medicina de sistemas. Em razão da complexidade dos fenômenos associados às doenças em questão, a abordagem não pode ser a de megadados, ao menos hoje em dia. As técnicas de aprendizagem profunda e de megadados permitem obter correlações supondo que essas técnicas sejam eficientes entre os fatores interferentes. Mas estamos falando de "correlação" e não "causas".

O programa implica diferentes tipos de pacientes: pacientes em diferentes estágios de doença, pacientes apresentando diferentes fatores de predisposição e grupos de controle, a partir dos quais são coletadas diferentes espécies de informações. Os dados clínicos, antropométricos e bioquímicos (como peso, o status de tolerância à glicose ou à adiposidade) são integrados às informações obtidas, pelo viés de questionários sobre os antecedentes médicos e o modo de vida (Não somente os hábitos alimentares e as atividades físicas, mas também o status socioeconômico ou nível de educação, de stress ou de qualidade de vida percebida...).

As técnicas da IA e o processamento de megadados (*big data*) aplicados a tais pesquisas levantam várias questões éticas, principalmente sobre a proteção da vida privada, ou vigilância sanitária, mas também sobre a transparência dos algoritmos (em particular quando o *robô que aprende* está implicado), a propriedade dos dados, bem como a propriedade intelectual e os direitos de acesso.

Mas, em nosso estudo, ressaltamos outro ponto ético importante, ligado à mobilização de aprendizagem e processamento de megadados nas áreas de pesquisa biomédicas e de cuidados de saúde.

Mostraremos como uma "supervalorização do poder epistemológico dos megadados" pode conduzir a um forte reducionismo e se tornar eticamente problemático. Uma parte desse reducionismo está ligada ao fato de que as correlações não são causas e que não existe neutralidade na seleção de correlações específicas para aprendizagem profunda, por meio de certos vieses que não aparecem sempre claramente durante o processamento dos megadados.

Mais uma supervalorização do poder epistemológico de grande quantidade de dados abriria a porta a uma forma mais radical de reducionismo, negando a existência mesmo de qualquer outro aspecto que aqueles que estão capturados pelos resultados do processamento de megadados. Aspectos relevantes que não estão contidos nos dados processados poderiam estar sendo omitidos. Certos aspectos podem ser negligenciados quando seu registro fica oculto no ruído ou simplesmente por falta de informações. Teriam sido desse modo excluídos. Enfim, pode haver dimensões pertinentes que não se prestam aos dados digitais. Esses igualmente seriam descartados por princípio.

Essa não neutralidade das ferramentas da IA não é um problema se for declarada, pincipalmente em usos médicos, e também no ensino universitário. Ao ressaltar essa irredutível não neutralidade nos instrumentos de processamento de megadados (*big data*), estamos insistindo sobre a importância de uma aproximação epistemológica crítica sobre as condições do processo digital. Esse processo não é eticamente admissível senão quando estiver associado à inteligência humana, ciente das "escolhas" que conduzem o processamento de megadados nas grandes pesquisas biomédicas, mas também em cuidados de saúde "baseados em dados de tipo de processamento".

As grandes somas de dados biomédicos, entendidos como a forma "a mais objetiva de verdade", são suscetíveis de radicalizar tal procedimento em direção a uma supermedicalização vinculada ao tratamento digital. A correlação entre fenômenos biológicos e médicos, e também uma ampla gama de fatos não diretamente médicos, não deve ser absolutizada nem sistematizada. Por exemplo quando se trata do status socioeconômico, nível de educação, stress psicológico, ou o modo como se entende a qualidade de vida.

O processamento de grande quantidade de dados não constituirá um ganho substancial a não ser que seja acompanhado pela inteligência médica diante de seu paciente. Mas sem a transparência ética necessária, essas ferramentas preciosas poderiam levar a formas extremas de medicalização "sem médico". Toda a vida de uma pessoa seria então definida "em termos biomédicos e tecnocientíficos, quantificáveis e controláveis".

Ao contrário, trata-se de promover uma utilização equilibrada das perspectivas extremamente promissoras oferecidas por essas ferramentas digitais para enriquecer as relações médico – paciente em suas parcerias terapêuticas. Uma automatização absolutizada não estaria à altura de uma medicina autenticamente personalizada. Desejamos, portanto, para a medicina personalizada uma ciência *assessorada por meio de dados (data-assisted Science)* e não por uma ciência *pilotada* por dados *(data-driven Science).*

II. O método CRISPR e suas aplicações

O método CRISPR em biotecnologia

Descoberto em 2013 e reconhecido pelo prêmio Nobel 2020 (obtido conjuntamente por Emmanuelle Charpentier et Jennifer Doudna), o método CRISPR-CAS9 é uma técnica de edição de genes do maior interesse para a terapia gênica. Essa terapia consiste em eliminar ou reparar as mudanças genéticas de forma objetiva, diretamente nas células vivas. Trata-se, por exemplo, de retirar um gene defeituoso por um gene artificial sadio utilizando as "tesouras de DNA" que CRISPR-CAS9 representa. As técnicas genéticas evoluem rapidamente e são já utilizadas em ensaios clínicos em células somáticas humanas para tratar numerosas patologias tais como cânceres, doenças neuromusculares, como a amiotrofia espinal infantil, ou hematológicas como as hemofilias.

Os inventores se inspiraram no sistema imunológico bacteriano contra vírus, que utiliza a enzima CAS9 como "tesoura" para cortar uma sequência de ADN identificada e permite assim neutralizar o vírus. A partir daí os pesquisadores passam a guiar a enzima CAS9, não importa qual sequência de ADN escolhida, para eliminar uma sequência de ADN em uma célula humana, por exemplo. Um dos problemas principais não resolvido até hoje é o dos "efeitos não visados" que o método pode induzir em células, especialmente as humanas.

O acoplamento do CRISPR com a IA

Depois de alguns anos, as ferramentas da IA foram desenvolvidas para lutar contra os efeitos não visados, citados anteriormente, para diminuir os custos das pesquisas, e os da produção em escala industrial de materiais vivos. Tudo isso permitiria pôr em ação as terapias correspondentes e diminuir o preço dos medicamentos. Damos aqui dois exemplos recentes. Um está na previsão dos processos para os quais uma ruptura de sequência introduzida por CRISPR é reparada (o que é um elemento importante a ser conhecido). Outro se baseia na redução do tempo de pesquisa para disponibilizar os processos de terapia gênica.

O primeiro exemplo foi tirado de um artigo de fevereiro 2020 da revista eletrônica *Directindustry e Magazine*[7] que publica o trabalho de Richard Sherwood (professor de medicina no *Brigham and Women's Hospital* de *Harvard Medical School* em Boston), criador de inDelphi, um programa de informática envolvendo a IA para predizer os resultados da reparação CRISPR.

O processo em questão diz respeito ao que se passa em uma célula depois que seu ADN foi cortado com CRISPR. A célula repara os cortes de CRISPR de modo muito especial, e é cientificamente muito importante saber o resultado "genético" desse reparo.

[7] Celia Sampol, "CRISPR-CAS9: Artificial Intelligence Gets Involved in Gene-Editing", DirectIndustry e-Magazine, 24 février 2020.

A equipe de Richard Sherwood conseguiu montar um sistema de aprendizagem automática ao ajustar um programa de informática capaz de prever que tipo de mutação será causado pelo reparo do corte. O algoritmo correspondente conseguiu, portanto, propor "modelos de reparação", sem ter acesso aos mecanismos biológicos e genéticos elementares. A aprendizagem da máquina é aqui essencial. Trata-se, com efeito, de entrar com um máximo de dados, abrangendo centenas de milhões de mutações reais do DNA hoje armazenadas. Ao utilizar esse vasto conjunto de dados sobre os tipos de mutação feitas por CRISPR, os autores puderam "treinar o algoritmo" a procurar modelos de mutações possíveis. Esses modelos são produzidos por mecanismo de IA e não por processos de observação e reproduzidos experimentalmente.

O segundo exemplo foi tirado de uma recente entrevista de David Del Bourgo, diretor de um empreendimento francês, WhitLab Genomics, na revista *The Conversation*[8]. Ele dá um exemplo convincente de pesquisas acoplando a IA à CRISPR. Mostra-se aqui a complexidade de dados a ser processados ao se modificarem alguns pares de bases do genoma humano, complexidade tal que os cientistas contam com milhões de possibilidades e hipóteses a serem resolvidas por interações (tentativa-erro), o que tomaria uma enormidade de tempo. A IA pode reduzir esse tempo consideravelmente, processando muito mais rapidamente várias dezenas de milhões de dados, recuperando ao mesmo tempo as informações da área de pesquisa, principalmente em publicações científicas, os dados sobre combinações ligadas à enfermidade que se deseja tratar.

Os recursos da inteligência artificial, graças aos "algoritmos educados", então recolhem, analisam e classificam o conjunto de dados disponíveis. Diversas ferramentas, como o processo automático da linguagem natural, a análise de imagem, a interpretação dos dados e os *robôs que aprendem*, são utilizadas e combinadas para tornar esses algoritmos sempre mais eficientes.

[8] Sylvie Gamet, 26 mars 2020.

"A educação dos algoritmos" é etapa crucial. É um biologista especializado na terapia genética que verifica o processo de informação para os robôs. A máquina aprende assim a classificar os dados de interesse em função da apreciação que faz o biologista ao longo desse processo. Os robôs "educados" processam então a exaustiva coleta de dados "de última geração" e em um processamento de segundos, enquanto um ser humano levaria alguns anos para executar apenas uma parte. Como no exemplo anterior, a máquina dá soluções digitais interessantes para os pesquisadores, em um tempo recorde, sem, contudo, explicitar os mecanismos que causam as mutações.

Esses processos estão ainda em fase de pesquisa. O próximo desafio é desenvolver um modelo preditivo para aconselhar as equipes de pesquisadores quais caminhos ideais de exploração seguir, segundo a problemática. O objetivo é reduzir o número de interações, por meio do intercâmbio entre as diferentes sociedades de biotecnologia. Mas o acesso aos dados, a verificação de sua validade e seu compartilhamento não são tão simples hoje.

Esses exemplos de CRISPR conjugados a processamentos por IA colocam as mesmas questões do caso de microbiótica intestinal. É verdade que a IA possibilita obter soluções digitais que permitem excelente eficácia técnica e suporte para a decisão. Mas não esquecer que o processamento por IA identifica as correlações e não as causas. Fornece possíveis "modelos" e soluções para prever a evolução dos sistemas estudados (o que é muito valioso), mas sem dar ao pesquisador o acesso aos mecanismos biológicos que geram as soluções, como já questionado.

Conclusão: Rumo a uma *ciência de pilotagem por dados* (*data-driven Science*)

Algumas pessoas consideram a IA como parte das ciências digitais com seus instrumentos específicos e questões éticas associadas. Mas outras a consideram uma ciência cognitiva, que implica como que uma espécie de ética do conhecimento.

Embora se saiba que os seres humanos não são neutros em seus julgamentos (em neurociências, fala-se de reveses cognitivos), os cálculos das máquinas são muitas vezes considerados como neutros, independentes das opções humanas, especialmente quanto à aprendizagem profunda. Mas, de fato, não é assim, pois como vimos, os reveses persistem na elaboração dos algoritmos e na maneira de selecionar as correlações, como mostrado anteriormente. Esse reducionismo é frequente em todas as ciências, mas muitas vezes passa despercebido nas tecnologias digitais.

Consideramos que a IA seja capaz de encontrar soluções para questões científicas complexas, não esclarecidas em termos de mecanismos. Isso se torna possível por ela estar capacitada a detectar possíveis soluções para os problemas, não obstante um grande número de variáveis esteja implicado, o que um ser humano sozinho não consegue decodificar nem mesmo imaginar. É o que chamamos de *ciência de pilotagem por dados* (*data-driven Science*).

Trata-se de um avanço promissor, sob condição imperativa de não esquecer a não neutralidade dos processamentos da IA. Nem considerar essa conquista digital como "a" resposta radical para os problemas científicos trazidos pela complexidade do real, e para os atuais limites da pesquisa científica fundada em hipóteses e testes de mecanismos explicativos. Há que se prestar atenção nas aproximações fundamentalistas que concebem os processos de produção de conhecimento, baseados em megadados, como as formas mais elevadas de objetividade e de racionalidade. Pode-se até pensar que a aprendizagem profunda produza conhecimentos absolutamente objetivos, tornando dispensável o envolvimento da inteligência humana, com sua carga irredutível de interpretação e de subjetividade. Mas estamos de fato diante de uma nova forma de conhecimento pragmático e performático, dando sim soluções possíveis, mas sem explicitar os mecanismos causais subjacentes.

Falta-nos, portanto, determo-nos sobre essa nova forma de conhecimento, seu estatuto e suas implicações atuais.

Para compreender melhor a transformação que uma "*ciência de pilotagem por dados*" gera, é necessário por um lado lembrar que ali, por meio de IA e aprendizagem profunda (nos sistemas complexos onde numerosos estudos interferem), se trabalha com correlações e não com causas. E, por outro, que os mecanismos subjacentes aos fenômenos estudados não são conhecidos. Às vezes, modelos empíricos são montados para aliviar essa falha, a partir principalmente de controle de parâmetros chave dos sistemas de engenharia. Mas esse não é o caso mais frequente nos sistemas biológicos, por exemplo.

Quando estamos diante de um sistema complexo do qual se conhecem as principais equações matemáticas (e os fenômenos subjacentes), mas que não pode ser resolvido de modo ágil, sem o recurso digital, então estamos diante do caso clássico das estatísticas. Essas dão em geral correlações e possíveis evoluções que o cálculo matemático por si só não consegue hoje..., mas resta a pesquisa das causas, enquanto as correlações são úteis como ferramenta preditiva. É o caso da meteorologia, por exemplo, com seus modelos científicos e suas simulações digitais. Nenhum problema com isso.

O problema surge quando não se tem equações matemáticas de base, não se conhecem os fenômenos, que se usa IA e o processamento de megadados por *aprendizagem profunda* (*deep learning*) ao predizer as evoluções possíveis. Ao passar para o digital sem conhecer as equações matemáticas dos fenômenos estudados, a pesquisa de correlações predomina sobre a busca das causas. A "previsão" muda de status, ao estar baseada em uma estatística de correlações e não diretamente ligada aos fenômenos físicos. Aí está a ruptura epistêmica para o cientista que busca a verdade e as capacidades de ações. Isso não desmerece as ferramentas digitais enquanto tais; mas alerta sobre a estrutura de sua utilização.

Assim, os algoritmos com base em aprendizagem profunda para agrupamento e previsão por meio unicamente de análise de correlações, por exemplo, em um reconhecimento facial, levam o operador a constatar que isso funciona em nove de dez casos, sem saber quais caracteres são tidos em conta. Os algoritmos de previsão de comportamentos na net ou, mais gerais, são igualmente um exemplo sobre a alta probabilidade de converter a previsão em atividade terrorista.

A passagem de uma *ciência assessorada por dados* (*data-assisted Science*) para uma *ciência de pilotagem por dados* (*data-driven Science*) é então problemática como "verdade científica" no sentido das ciências experimentais habituais. Vamos continuar a aprofundar essa questão, em termos do conhecimento e da ética aplicada.

III

A REVOLUÇÃO DIGITAL E O ADVENTO DA CIVILIZAÇÃO DOS SISTEMAS E DOS ALGORITMOS

Nexo com o tema geral

Nesta terceira parte, argumentaremos que essa mudança afeta tanto as ciências sociais, que integram a inteligência artificial, quanto as tecnociências. Ela implica mudança similar na área socioeconômica e plenamente atuante. A verdade científica clássica seria suplantada pela verdade das "predições digitais".

O coração do problema em questão é que essas tecnociências mudam de estatuto ao se tornarem fortemente digitais, via inteligência artificial (IA) e o processamento de *megadados*. Os sistemas digitais não se usam mais para pesquisa das "causas" dos fenômenos científicos, mas para a identificação de "correlações" que predizem possíveis evoluções de sistemas estudados, evolução que o cientista não conseguiria perceber sem o digital. Mas então, "de assistente", o digital se torna "o piloto" das realizações tecnológicas cuja compreensão profunda escapa cada vez mais ao próprio tecnocientista. De acordo com o subtítulo deste livro "*Desafios éticos em perspectivas de ciência e fé*", tomaremos na quarta parte um ponto de vista histórico e conceitual sobre as relações entre ciência, tecnociências, ética e fé cristã, a fim de situar o tema principal deste estudo no contexto histórico das relações "ciência e fé", sem entrar em questões do pluralismo religioso. Ressaltaremos como as relações "ciência e fé", estudadas nos anos 1980 a 2000, distinguem-se por sua atenção ao estatuto específico das tecnociências e suas submissões aos sistemas digitais e tecnoeconômicos. Traremos então um olhar cristão sobre os novos recursos da revolução digital no coração das tecnociências, e principalmente sobre a interpelação da ética prática pela impressionante ascensão da civilização algorítmica.

1
PRINCIPAIS EVOLUÇÕES DE POSTURAS CIENTÍFICAS E TÉCNICAS NO SÉCULO XXI

I. Introdução: os novos "telescópios" contemporâneos advindos da revolução digital

Como vimos, a tecnologia digital está tendo avanços consideráveis em todas as ciências, mas ela própria está experimentando avanços com o desenvolvimento de certas ciências, como a microeletrônica, nano e neurociências, IA e a convergência NBIC etc. É um fenômeno progressivo, exponencial, porque os avanços não se somam, eles se multiplicam.

Assim, as nanociências, as neurociências e a inteligência artificial estão, provavelmente, entre "os telescópios contemporâneos" mais disruptivos que provocam mudanças de visão do mundo.

Como indicado anteriormente, os "telescópios subsequentes" resultam da combinação dessas três tecnociências com as técnicas de aprendizagem profunda ativadas em máquinas. Essa combinação abre a possibilidade de manufaturar composições complexas "inteligentes" em escala nanométricas (microssistemas, materiais inteligentes). Essa combinação, por sua vez, multiplicada por uma interconexão mundial de objetos digitais e *cloud* (*nuvem*) associados (bancos de dados necessários à aprendizagem automatizada). Um espaço de aprendizagem instantânea, e baseada em processamento de megadados (*big data*), combinado com uma capacidade de análise de correlação automatizada e de autoaprendizagem. Isso muda completamente o jogo!

A título de exemplo, uma rede neural artificial isolada, satisfeita em reconhecer um gato por tentativas e erros, hoje em dia é pouco eficaz. Mas diante do reconhecimento de milhões de imagens de gato em todos os contextos, identificadas como tal, pode adquirir uma notável capacidade de reconhecimento, sem instalação prévia pelo ser humano de características classificatórias da categoria "gato". Essas categorias classificatórias, aproximativamente corretas, aparecem na superfície das redes neurais por meio de *aprendizagem digital profunda* (*deep learning*), aprendizado que prossegue indefinidamente cada vez que a máquina erra ou obtém sucesso.

Essa ruptura constitui uma abertura sem medida comparada às precedentes. Ela abre um advento possível de máquinas inteligentes e conectadas à rede planetária, cujas linguagens, resultados, soluções e decisões ultrapassam a compreensão humana. Essa aproximação não lhe permite a matematização dos fenômenos, nem a análise lógica das cadeias de causalidade que subtendente os processos de decisão e das ações observadas. Mesmo se a elaboração humana de "padrões ou modelos" a partir das correlações seja uma tentativa de manter o controle da máquina.

Esse poder potencial resulta na autonomia quase total da tecnologia, que poderia começar a domesticar o ser humano (ponto já antecipado por Hannah Arendt em 1957 em seu livro *A Condição Humana*). O exemplo mais significativo é o do projeto de implantação, nas grandes cidades, de um sistema técnico de segurança reforçada ou policiamento preditivo. Os bancos de dados permitem, por meio de uma análise maciça de informações da Internet e das redes de comunicação assim monitoradas, traçar um mapa atualizado em tempo real dos locais onde é mais provável que ocorra um ato de violência. Experimentada em algumas cidades norte-americanas, ao focar a aplicação da lei nesses bairros no momento certo, a violência diminuiu e os flagrantes de delito aumentaram.

Pode-se imaginar, portanto, acoplá-los a drones autônomos capazes de imobilizar, por meio de um Taser[9], uma pessoa fichada, por exemplo, cuja presença nesse lugar, naquele momento, foi analisada pela máquina. Essa decisão autônoma de imobilizar, sem intervenção humana, coloca uma questão ética evidente, mas ainda mais aguda, se isso é feito sem compreensão humana das razões que levaram à decisão de imobilização.

Essa "perda de controle" pelo ser humano se perfila igualmente com a hibridação biotecnológica, modificação do genoma, neurônios artificiais, células artificiais "viva", implantes cerebrais... Nesse quadro, o ser humano tenta recuperar, e até aumentar, sua própria natureza biológica de modo artificial (*naturficial*), graças à digitalização para a simulação e a fabricação em escala nanométrica. Trata-se, como mencionado anteriormente, de uma ruptura antropológica maior. Estamos à beira de um abismo ético!

II. Uma revolução epistêmica?

Os movimentos de unificação tecnocientífica (técnica e ciências, NBIC) são apenas sintoma de uma revolução profunda e maior, revolução epistêmica, uma transformação unificadora de nossas concepções; quer dizer então uma revolução de nossa maneira de perceber o real visível e invisível, os sistemas? Essa revolução, ocorrida no início dos anos 2000, caracteriza-se pelo deslocamento das concepções exodistributivas para as concepções endocontributivas, e isso em todos os campos científicos e técnicos.

O termo concepção é entendido aqui no sentido de "o modo como perceber" uma realidade, uma ideia, um sistema. É um novo ato de inteligibilidade, no sentido etimológico: "*intus legere*", ler o interior. Permite o cérebro humano memorizar e apreender a realidade percebida, inserindo-a em um sistema de representação mental, realidade sobre a qual o pensamento descobre e opera regras, conceitos e classificações.

[9] O Taser legal é um choque de contato que paralisa o agressor.

A noção de sistema aqui designa um conjunto de entidades que estão em interação umas com as outras, produzindo um fenômeno coletivo ou "sistemático" correlato a essa interação. O ato de inteligibilidade ou "maneira de observar" vai então ser exercida em conformidade ao sistema uma estrutura de forma e princípios de funcionamento, descritíveis no seio de um conjunto de normas e conceitos formais, apresentados em uma linguagem (o sistema de representação). Aparecem, então, no domínio das ciências, grandes dualidades nos modos de conceber esses objetos que compõem um "sistema".

Assim, do ponto de vista estrutural, duas concepções se opõem. De um lado, as concepções corpusculares ou ainda atomísticas (como entidades, lugares, objetos identificados, dotados de uma estabilidade mínima, de uma membrana, de um interior e de um exterior bem diferenciados) e, de outro, concepções teciduais, difusas, não localizadas ou estruturais de ligações (vibração, energia, campos, ondas), onde o observador é parte interessada. As noções de impacto e de posição do interferente (o sistema criador da "maneira de observar") assim como o modo de ele interferir no seio do sistema atravessa essas dualidades. A relação sujeito-objeto se transforma em um conjunto "de autores em rede" cujos sujeitos e objetos progressivamente se indiferenciam.

Surge então uma nova dualidade, conforme o participante for uma entidade exógena ou endógena ao sistema, e que contribui à sistematização interna (endocontributivo [enc]) do sistema ou distribui exteriormente suas ações e artefatos (exodistributivo [exd]). É possível generalizar esses princípios considerando o interferente em sentido amplo: humano, sistema técnico, biológico, inteligência artificial, organização, formalismo.

A migração maciça de modelos de compreensão e intervenção sobre sistemas, de concepções exodistributivas para concepções endocontributivas, produz uma nova e radical unificação, tanto no interior das ciências como na relação entre ciência e tecnologia. De fato, o sonho monista, levado por pesquisadores como Bailly e Longo, por exemplo, é exercido no desenvolvimento de metamodelos matemáticos capazes de matematizar formas endocontributivas complexas, tanto na física quanto em organismos vivos, por exemplo. Essa convergência unificadora vai muito além daquela tentada por Norbert Wiener com a cibernética e o conceito de entropia da informação.

O melhor exemplo de projeto endocontributivo de um sistema distribuído em escala global foi proposto nos anos 1990 por Joël de Rosnay com os *cibiontes*[10]. É interessante revisitar essa obra, à luz dos recentes desenvolvimentos técnicos. De fato, para ele, surgia uma nova espécie composta por "seres" complexos e híbridos, resultantes da colocação em rede, cada vez mais eficiente em amplitude, velocidade e capacidade de transmissão de informações, por máquinas inteligentes e humanas potencializadas pela tecnologia. Esses seres híbridos, dizia, tornam-se autônomos e se preparam para domesticar o ser humano. Esses seres podem ainda ser influenciados em seu interior pela comunidade humana, desde que ela conserve uma autonomia de consciência em seu seio. O que é certo é que esses *cibiontes* não podem mais ser pilotados desde o de fora.

O que dizer, trinta anos depois, quando se pensa em implantes em humanos, interconectados por redes ultrarrápidas de banda larga, abrindo-se a uma hipermobilidade? Além disso, essas redes são enriquecidas com valor agregado pela inteligência artificial, e se preparam para serem equipadas com capacidades próprias para intervenções físicas, autônomas em humanos (drones, controle de automação residencial, saúde interconectada, segurança distribuída ...)?

[10] "Cybionte", introduit par Joël de Rosnay dans L'homme symbiotique. Regards sur le troisième millénaire (Paris, Seuil, 1995).

2
SIMULAÇÃO DIGITAL, MODELOS, ALGORITMOS E SISTEMAS[11]

I. Definições

A simulação digital

A simulação digital consiste em desenvolver algoritmos que simulam um fenômeno físico real. Uma modelização física do fenômeno é, então, necessária. É feita, na maioria das vezes, por uma matemática adaptada (teoria dos elementos finitos, por exemplo) para desenvolver o fenômeno também reduzido no tempo e no espaço, e isso de modo acelerado ou não. O cientista observará o comportamento do fenômeno e tentará predizer sua evolução conforme alguns parâmetros.

Na simulação moderna, as interfaces gráficas permitem visualizar o fenômeno por uma visão explícita do funcionamento ou de sua representação gráfica.

Veremos, mais a diante, que o surgimento de sistemas, chamados "distributivos", ou "agentes", permite simular comportamentos complexos em rede, isentos de determinismo (aleatórios), para observar e predizer o comportamento não acessível à observação direta. Trata-se de extrair disso regras empíricas ou modelos empíricos de funcionamento. Mas veremos que o fato de ser modelo simulando um fenômeno real, e não ser o próprio fenômeno real, tem sua importância.

---

[11] Para ir além desta apresentação sintética, ver por exemplo: Jacques Printz, Survivrons-nous à la technologie? Les Acteurs du savoir, 2018, Editions Saint Léger; Stéphane Tufféry, Big Data, machine learning et apprentissage profond, Paris, Éditions Technip, 2019; INCOSE, SE Vision 2025, www.incose.org/products-andpublications/se-vision-2025

Os modelos

Descrever ou analisar uma realidade formalizada é já uma redução, porque passa, às vezes, pelo filtro dos captadores naturais ou artificiais e pelo olhar consciente trazido pelo humano sobre o que é observado. De fato, o real formalizado é aqui uma construção da consciência, que não cessa de se confrontar com um real físico, que resiste em se revelar inteiramente. O modelo está então por toda parte. Uma definição foi proposta por Bruno Bonté em sua tese[12] de 2012 a propósito da tríade de Marvin Minsky (1965):

"Para um observador B, um objeto A* é um modelo de um objeto A, na medida em que B pode utilizar A* para responder a questões que interessam ao sujeito de A".

Os algoritmos

Uma boa maneira de definir um algoritmo é se reportar à aula inaugural de Bernard Chazelle no Collège de France, em 18 de outubro 2012: "Um algoritmo é uma sequência de instruções a ser seguida minuciosamente para chegar ao resultado desejado por uma série de etapas simples e tediosas. Essas instruções se conjugam, muitas vezes, no condicional: 'A soma é superior a 9? Se for, seria sensato fazer uma retenção'. Os ciclos (*loops*) são frequentes: "continue a acrescentar os números da coluna, um por um, enquanto houver um restante". Não se deixe intimidar por sua calculadora, por mais infalível que ela seja. Ela não conhece mais aritmética que um cavalo no hipódromo conhece a unidade de pressão muscular (pmu). Seus algoritmos leem, escrevem e apagam sem compreender o que quer que seja"[13].

[12] Thèse de Bruno Bonté, *Modélisation et simulation de l'interdépendance entre l'objet, l'observateur et le modèle de l'objet dans la Triade de Minsky*, Montpellier, Université Montpellier II, décembre 2011.

[13] Bernard Chazelle, *L'algorithmique et les sciences*, Paris, Éditions du Collège de France, coll. Leçons inaugurales, 2013.

Os sistemas

Em informática

Um sistema em informática é um conjunto de recursos técnicos (disco rígido com seus processadores) que permitem ativar programas baseados em algoritmos, de memorizar, transmitir e receber informações digitais.

Todos os algoritmos foram programados, até há pouco, em sistemas lineares de tipo Turing-Von Neumann, associando um deslocamento linear de uma cabeça de leitura, uma memória e um alfabeto. Tudo isso foi implementado nas redes integradas de portas eletrônicas de silício, abertas ou fechadas (1,0). A evolução, no tempo de nível de integração e de velocidade, era dada pela lei empírica de Moore. Essa progressão exponencial de velocidades e das capacidades de processamento das máquinas aumentou de modo deslumbrante o desempenho dos algoritmos programados.

Mais recentemente, foi tentado em máquinas experimentais passar dos códigos de 16 bits, graças ao uso de kbytes[14], utilizando a natureza quântica da matéria para acelerar a rapidez e o poder de processamento. Mas basicamente se permanecia no mesmo princípio. Note-se que hoje essa tecnologia esbarra com obstáculos intransponíveis: tempo de alinhamento quântico, capacidade em os programar em sentido tradicional...

Concepções mais recentes na associação de sistemas e algoritmos conduziram a sistemas chamados "distribuídos" dentro de software e/ou componentes físicos, e os sistemas chamados "agentes" que funcionam como redes de interações complexas entre todos os componentes do sistema global.

Pode-se igualmente notar o surgimento atual de novos conceitos de sistemas de suporte aos processamentos algorítmicos de natu-

[14] Nomeia-se qubit (quantum + bit; pronuncia-se /kyoobit/) às vezes escreve qbit, o estado quântico que representa a menor unidade de armazenagem de informação quântica. Pode assumir uma infinidade de estados.

reza biológica. As pesquisas em computadores biológicos (DNA...) mostram isso. Eles usam a lógica bioquímica em ação nas interações do DNA, por exemplo, para implementar verdadeiros algoritmos.

Diante disso, está sendo buscada uma pista para resolver os obstáculos em computadores quânticos programados de modo "clássico". Trata-se de utilizar a natureza quântica da matéria e seus comportamentos nessa escala para simular fenômenos e predizer seu comportamento.

Em biologia

É próprio do ser vivo ser composto por um número muito grande de componentes em diferentes escalas, alguns agrupados em órgãos, integrando rede de sistemas (sanguíneo, nervoso, bioquímico...). Essas redes são intrincadas, assim como as reações de cada componente em função de seu ambiente (por exemplo, a homeostasia[15] ou a autopoiese[16]). O que mais tarde se chamou de ecoritmo é, por exemplo, que com 'muito açúcar no sangue, o pâncreas fabrica a insulina'. Os efeitos do ambiente que dão origem a reações são de natureza térmica, psíquica (pressão, choque) ou ainda bioquímica. Essas "informações" geram comportamentos-respostas específicas à situação.

São, portanto, verdadeiros microalgoritmos implementados, chamados ecoritmos por Leslie Valiant[17]. Ele os considera aproximadamente corretos, porque não são exatos no sentido das máquinas baseadas em equações matemáticas como "se pressão superior a 10,255 Pa gerasse 0,0078 gramas de...". Esses ecoritmos se intrincam em extrema complexidade, segundo Leslie Valiant. Nesses ecoritmos,

[15] A homeostasia designa os processos de regulação pelo qual um organismo vivo mantém as diferentes características de um ambiente interior em uma zona de equilíbrio entre um máximo e um mínimo.

[16] A autopoiese é a capacidade de um componente modificar sua membrana para se adaptar à evolução de seu desenvolvimento da qual participa.

[17] A noção de ecoritmo foi introduzida por Leslie Valiant em Probably Approximately Correct em 2013. Trata-se de formas lógicas de ação – reação que se encontra em todas as escalas do ser vivo.

não há "camada de programas digitais"[18], mas lógicas de escolha ou de influência inerente aos sistemas bioquímicos do ser vivo. São provenientes segundo ele de um imenso "reparo" cumulativo, por autosseleção / tentativa e erro de mais de três bilhões de anos, seguindo um eixo de conservação e de complexidade crescente.

É importante notar que usar a noção de algoritmo para descrever essa relação de causa e efeito para nós, é abusiva. Ela constitui em todos os casos uma redução que induz a uma visão parcial e tendenciosa do que se passa no ser vivo. Isso se verá na parte que trata dos algoritmos bioinspirados.

Quando o observador preserva certa coerência intrínseca de funcionamento (autorreferência), para um subconjunto de componentes, fala-se de sistema, como o sistema imunitário, ou o sistema nervoso, ou ainda o sistema linfático.

Veremos, mais adiante, que o paralelo nas concepções entre dois tipos de sistema (informático e biológico) é um sonho cienticista em curso.

II. Simulações digitais e modelos

Embora as simulações digitais existam há quase um século, o processamento de megadados (*big data*) introduz hoje um avanço maior. Os programas sistematizados apenas por dados de aprendizagem, sem descrição explícita da física do fenômeno a ser simulado, abrem uma nova relação com a realidade.

A aprendizagem tira partido com efeito da profusão de dados produzidos, agregados e classificados pelo sistema digital. Isso com o objetivo de testar um grande número de hipóteses, de evoluções possíveis do objeto de estudo. O objetivo final é sugerir novas soluções sem que para tanto se conheçam nem se compreendam os mecanismos que regem o fenômeno.

[18] A "camada de software" designa um conjunto de programas que, graças a uma linguagem de programação, interpretam e executam as informações baseadas no hardware de sistema (processadores).

A modelagem de processos complexos, graças ao formalismo matemático, a partir dos conceitos físico-químicos, mostra seus limites. Voltaremos a seguir, por exemplo, para o caso da biologia. O matemático que se serve das equações da física relativas ao modelo não pode geralmente resolvê-las manualmente. Diante dessa dificuldade, faz apelo a uma simulação digital para tentar resolver essas equações quando possível. Quando a matematização do sistema complexo não é suficiente, ele simula o fenômeno estudado. Vai então formular hipóteses simplificadoras e razoáveis da complexidade do sistema analisado, a fim de fornecer uma forma de "esquema básico" calculável por um computador.

A simulação digital torna-se assim uma ferramenta eficiente para tentar compreender fenômenos complexos[19]. Graças a ela, é possível fazer variar os parâmetros e estudar sua provável influência na evolução dos sistemas complexos. Quando isso constitui uma ajuda preciosa para compreendê-los, pode-se dizer que o digital *assessora* (*assist* em inglês) o cientista.

Essas simulações permitem hoje avanços significativos quando há uma impossibilidade técnica de realizar grandes cálculos, ou uma impossibilidade de pôr em ação experimentos críticos para validar ou não hipóteses (como na tentativa científica habitual). Elas são utilizadas também para determinar fenômenos ainda não explicados. Podem ser muitos eficazes como mostraremos a seguir, mas parecem estar substituindo gradualmente a modelagem mental que todo cientista faz do fenômeno que busca compreender.

Delega-se, então, em grande parte, o processamento dos dados, com interesse centrado não em causas, mas em correlações que esse processamento fornece. É uma grande mudança em relação à verdade que aqui se obtém. Particularmente, porque a modelagem – simulação digital fornecerá "modelos estatísticos" (e não mais físicos). O cientista poderá certamente apreciá-los, mas geralmente não poderá validá-los – no sentido forte do termo – por experimentação crítica.

[19] Ver artigo de Ivar Ekeland, "Du bon usage des modèles mathématiques", Les annales des mines, n. 101, janvier 2021.

Ou a falseabilidade (no sentido que lhe deu o pensador Karl Popper) é uma das bases da aproximação científica clássica tal como a filosofia das ciências tem mostrado um século depois. Para ser considerado como científica, uma teoria tinha de poder ser eventualmente postulada por um experimento crítico. Há aqui um elemento de objetividade científica que parece ao menos atenuá-lo, entenda-se evanescente, com o processamento digital evocado no capítulo a seguir.

III. Do modelo mental do cientista ao modelo digital

É certo que o ser humano adquire eficiência diante dos sistemas complexos para os quais encontra solução progressiva *via* máquina digital e sua capacidade de aprendizagem. Contudo, dá-se um deslizamento gradual no qual a perda de objetividade de seu espírito crítico (o experimento crítico) é mais difícil, e mesmo impossível de estabelecer.

Pode-se dizer que a digitalização e o algoritmo *assessoram* o cientista na medida em que as condições seguintes sejam preenchidas: ele detenha o poder para validar (ou não) o padrão/modelo estatístico que a máquina lhe apresenta em cada etapa da iteração; ele possa testar o "produto final", se for o caso de produzir um novo sistema, um novo antibiótico, por exemplo, como veremos mais adiante.

Ao mesmo tempo, não esqueçamos as grandes questões de compreensão das classificações digitais dos megadados e de transparência dos algoritmos. Com efeito, seu grau de objetividade é discutível como o mostram a análise feita e os trabalhos de Yann LeCun, particularmente em termos de vieses[20].

Mas quando essas condições de transparência e de validação não são mais possíveis ou se tornaram muito imprecisas, o ser humano perde o controle. É seu livre-arbítrio que pode estar clara-

[20] Ver por exemplo, Stéphane Dehaene, Yann Le Cun et Jacques Girardon, *La plus belle histoire de l'intelligence*, Paris, Robert Laffont, 2018.

mente posto em questão. De assistente, o digital torna-se condutor de abordagens científicas e tecnocientíficas. Isso pode acarretar graves consequências éticas que é essencial analisar e sobre as quais nossas democracias, preocupadas com os direitos humanos, devem se pronunciar.

E, além do mais, tudo isso está sendo, por sua vez, possibilitado e ampliado pela interconexão instantânea de milhões de máquinas e a implantação de bases de dados massivos de onde a máquina extrairia modelos de simulação cuja validação teórica podem escapar ao ser humano. É a emergência de uma nova geração de cibiontes (cf. capítulo III).

Enfim, esses sistemas equipados de seus algoritmos poderiam imitar o ser vivo natural com tal precisão que invadiriam a vida natural para criar uma nova natureza.

Assim, pela digitalização, os algoritmos e os sistemas de dados passam a fazer parte do cenário do desenvolvimento das ciências e tecnologias. Para esses últimos em particular, a convergência nano-bio-neurotecnológica é combinada com o desenvolvimento extraordinário de novos algoritmos e com a atual coleta massiva de dados, processada graças aos avanços da inteligência artificial (IA) e técnicas de aprendizagem. É, pois, necessário explicitar mais as noções de modelos, de algoritmos e de sistemas.

IV. Diferenças entre: modelo para os sistemas complexos inertes e modelo para os sistemas complexos vivos

Imaginemos a esfera giratória e as bolas do sorteio da Loto. Ainda que o resultado seja plenamente aleatório, cada um dos processos de choque das bolas entre si, entre elas e as paredes, ou ainda a velocidade centrífuga... é, cada um, um processo determinista. Portanto, o resultado disso é um processo global perfeitamente aleatório pela combinação de processos compostos. Essa possibilidade foi demonstrada por Henri Poicaré para as leis da gravitação em sua teoria dos três corpos. A temporalidade da esfera de sorteio e sua conformidade com as leis que nela são distribuídas para interpretar seu funcionamento determinam inteiramente o resultado, mesmo quando aí reine a incompletude e a indeterminação pelo processo combinatório empreendido (choque, velocidade...).

Fala-se de caos determinista. Com efeito, em teoria, se as condições iniciais no momento do lançamento da sorte forem exatamente as mesmas (peso e forma das bolas, atmosfera, temperatura, pressão...), o resultado seria toda vez idêntico. Mas a multiplicidade de choques e a natureza divergente dos rebotes nas paredes, a sensibilidade das trajetórias à natureza exata do choque, fazem com que uma ínfima variação de uma das numerosas condições iniciais ou intercorrentes durante o sorteio, induzam a uma incerteza exponencialmente crescente com o tempo.

Então, que diferença faz se os objetos não são inertes e se o sistema é um organismo biológico e vivo? A primeira diferença, a mais importantes, é que para a máquina não há nenhuma outra intenção contingente que não seja fornecer o número da loteria. A intenção de projetista é total e exclusivamente traduzida por uma técnica sem autonomia em relação a ela. Não há exigência alguma de conservação intrínseca do sistema fora do princípio de conservação da energia, nenhuma "inteligência ou capacidade de decisão" intrínseca ou distribuída pelas bolas. Para a máquina, a essência precede a existência no sentido de Aristóteles. A projeção da máquina e seu funcionamento tem por única finalidade pôr a máquina a serviço do objetivo do projetista, sortear ao acaso.

Para o ser vivo, ao contrário, para cada elemento constitutivo complexo há uma teleologia[21] que se reinventa permanentemente. Ele é conduzido por uma "necessidade contingente" global que o

[21] Teleologia: doutrina sobre a finalidade ou causas finais.

atravessa como um campo de força e atua por um grande número de microalgoritmos. O sistema se opõe às forças da desordem, da alteração entrópica, forças de conservação antientrópica, um "algoritmo intrínseco", uma capacidade distribuída em ação – reação. O conjunto reinventa permanentemente seus ecoritmos (ver Leslie Valiant), e isso de forma cocontributiva. Além disso, o caos intrínseco à complexidade e à variabilidade das condições iniciais e das condições de "vida" é submetido a correções anticaóticas permanentes trazidas pelos ecoritmos vivos e adaptativos. Existe, então, um sistema vivo feito de ecoritmos e de componentes biológicos integrados em interação constante uns com os outros.

De fato, do ponto de vista físico, a história da evolução, do inerte ao vivo ao humano é uma magnífica história de emancipação de forças de conservação constantemente opostas às forças de alteração. Uma dinâmica fértil entre robustez e vulnerabilidade. Esse ponto é fundamental porque são duas faces da vida. Sem robustez, o ser vivo desmorona sobre si, sem vulnerabilidade fica congelado como um cristal. A busca da robustez é criativa. O fim da vulnerabilidade é, pois, uma tensão indispensável jamais alcançada.

A constituição dos organismos vivos (dotados de uma membrana com um interior e um exterior) fez emergir um primeiro estado de complexidade organizada. Esse estado é caracterizado por um funcionamento autônomo e uma capacidade lógica própria para reagir frente a um ambiente que tenta alterá-lo. Constitui um primeiro limiar de emancipação das forças de conservação em relação à matéria inerte. O reagrupamento em ecocomunidades e depois em organismos multicelulares constituiu o segundo limiar.

Um terceiro limiar foi, então, ultrapassado pelas forças de conservação em seu longo processo de emancipação, isto é, a reprodução. Para ilustrar isso, foi mostrado recentemente, por exemplo, que o envelhecimento das bactérias foi controlado pela natureza graças à reprodução. Com efeito, essas bactérias envelhecem e morrem por acúmulo de proteínas "residuais", que são geradas por seu metabolismo e não eliminadas. A reprodução das bactérias permite uma dissolução permanente dessa taxa de proteínas "residuais" e, portanto, a sobrevivência da espécie.

A mobilidade adquirida pelo ser vivo marca provavelmente um quarto limiar que conduz aos primeiros formalismos espaço-tempo entre os hominídeos e provavelmente entre certo número de animais, nas formas diferentes que aquelas associadas à consciência. A conquista do espírito consciente pelo humano constituiu em um quinto, permitindo-lhe pela inteligência e imaginação compensar seu frágil desempenho físico em matéria de sobrevivência. Os transhumanistas pensam aliás que a história não foi escrita pelas teorias clássicas da evolução e que outros limiares em matéria de conservação serão proximamente ultrapassados, mas pela mão consciente do próprio ser humano, querendo dominar seu destino. O mito da salvaguarda eterna de um humano desmaterializado, colocado na memória, ou ainda a emergência de um poshumano indefinidamente reparável, são exemplos disso amplamente controvertidos.

Assim, a compreensão do ser vivo passa pelo desenvolvimento de novos modelos matemáticos inéditos na própria concepção de sua axiomática (velho sonho monista da complexidade que ainda precisa ser decifrada); e passa também por uma nova epistemologia do ser vivo baseada no algoritmo, análise de dados e simulação. Esses nos conduzem, então, ao desenvolvimento de modelos digitais estatísticos e não mais físico-matemáticos (estatísticos).

Mas então que lugar se deixa ao humano nessa elaboração que o privaria do rigor generalizável das equações matemáticas e da experiência crítica dominado por ele? Isso supõe a primazia de um "programa que prevê" (de modo satisfatório por meio de algoritmos de análise estatística de dados e de simulação) sobre a "causalidade que explica".

V. A evolução dos algoritmos

Pode-se distinguir três tipos de algoritmo (no sentido amplo do termo, segundo definições feitas)[22].

Algoritmos antes usados em informática

Eles resultam da transcrição de modelos matemáticos apresentados por equações explícitas. Fala-se de algoritmos explícitos. Mais de uma dezena anos foram necessários para processar a validação razoável dos resultados dos códigos. Correspondem a algoritmos explícitos em uso hoje, nas condições físicas bem controladas, e testados, por exemplo, em softwares de pilotagem de aeronave. Isso também vale para quase todos os softwares atualmente usados na exploração de dados maciços.

De fato, a história desses algoritmos foi marcada pelo desenvolvimento de linguagem de programações mais evoluídas e compatíveis com máquinas cada vez mais poderosas. Os compiladores, sempre mais eficientes, permitiram traduzir instruções lógicas expressas em linguagem natural, em uma série de comandos elementares, feitos para processador microeletrônico e suas memórias. Esse processador compreende apenas comandos binários associados a um alfabeto, chamado código. Ao longo dos anos, surgiram linguagens específicas para famílias de aplicativos (Pascal, C, C++, Ada. Lader, fdb...) para gerenciamento, contabilidade, comando de ferramentas ou de máquinas sofisticadas, como interruptores telefônicos, ferramentas de pilotagem...

É importante destacar que a evolução desses softwares foi feita pelo desenvolvimento para cada linguagem de rotinas certificadas, quer dizer, pacotes de comando funcionando como uma caixa preta. Cada rotina fora definida por seus dados de

[22] Ver Comité éthique, société et technologies, Académie des technologies, Big Data. Questions éthiques, octobre 2019.

entrada e seus dados de saída e seu desempenho em tempo de execução. Por exemplo, insira os parâmetros de uma equação complexa, depois os valores e obtenha na saída o resultado da equação. O programador tinha, então, acesso a uma imensa biblioteca de rotinas que não precisava programar, mas reunir, articular, segundo seu desejo. Esse conjunto de rotinas podia tornar-se, por sua vez, uma rotina e assim por diante. Cada uma devia ser certificada, quer dizer, ter demonstrado sua precisão em relação às características do projeto. Essa acumulação de rotinas cada vez mais sofisticada acompanhou a evolução dos softwares.

Algoritmos de máquina que aprende (*learning machine*)

Esses algoritmos resultam de uma aprendizagem que depende de um período inicial limitado, antes que o algoritmo tenha sido fixado por seus programadores. Trata-se de algoritmo de reconhecimento e de imitação. Mesmo que esses algoritmos possam também eles ser explicitados, sua lógica final não é imposta pelo programador que não poderia retorná-lo senão pelo trabalho complexo de construção reversiva (*reverse engineering*) que jamais foi feito. Para esse tipo de algoritmo, apenas experimentos em dados reais de tamanho limitado, no entanto, suficiente, podem ser validados com um nível de confiança adequado, apesar dos limites das amostragens.

De maneira geral, com respeito aos algoritmos provenientes de um procedimento de aprendizagem limitada, a qualidade dos resultados obtidos depende da relevância e da amplitude da base das amostragens utilizadas para a aprendizagem. Ela depende igualmente da convergência dos níveis de aprendizagem utilizadas (fala-se, muitas vezes, de sua profundidade, com algoritmos que calculam aproximações e fazem intervir escolhas probabilistas em alguns momentos).

Depende também da sutileza da modelização estatística do real que se busca imitar. Por exemplo, apresentando milhões de cabeças de animais a uma máquina de aprendizagem que analisa a imagem por pacote de formas ou de variações, e lhe diz "fracasso" a cada vez que ela designa erradamente um gato e "sucesso" cada vez que o designa sem erro, leva o programa a identificar categorias classificatórias do objeto cabeça de gato (forma das orelhas, da cabeça...). Após milhões de tentativas e erros, a máquina adquire uma capacidade quase infalível de reconhecer um gato. O programa é então fixado e se cria um mecanismo de reconhecimento da forma de cabeça de gato. Mas ela é incapaz de reconhecer um ônibus.

Algoritmos de aprendizagem profunda (*deep learning*)

Esses não têm limitação da fase de aprendizagem: por definição eles não podem ser diretamente validados, pois sua lógica pode mudar ao longo das utilizações sem nenhuma garantia de convergência. O que pode ser validado são os modelos estatísticos que ocorrem a cada interação (exemplo de trabalho na evolução das estatísticas da microbiótica intestinal em função de múltiplos parâmetros biológicos e comportamentais, em um paciente afetado pela doença cardiovascular). Mas o grau de validação do modelo estatístico é, contudo, tanto mais difícil quanto mais complexo se torna à medida das interações. Quando o número de dimensões do modelo estatístico for muito importante é preciso fazer uma projeção em figura tridimensional. Mas as possibilidades de diferentes projeções tornam a validação ainda mais difícil. O biologista perde progressivamente sua capacidade científica de validação, com o fato de que nenhum experimento crítico pode ser realizado. Trata-se mais de uma estimativa de plausibilidade.

Outra aproximação nos é fornecida por Garry Kasparov, em seu *Deep Thinking*[23]. Ele definiu as máquinas inteligentes como sendo de tipo *a*, *b* e *c*. Essa tipologia é diferente daquela evocada mais acima e complementar. A contribuição suplementar dessa tipologia é que Kasparov a aplica no caso concreto de jogos. O *a* e o *b* permanecem algoritmo explícitos, b dando a ilusão de aprendizagem, mas ligado à consulta de uma base de dados durante a partida. O c se parece com a categoria sem limitação da fase de aprendizagem.

A forma a, diz ele, trabalha com algoritmos de decisões que são algoritmos conhecidos pelos peritos humanos. São desenvolvidos e implantados na máquina. Ela executa algoritmos que estão contidos em um programa associado a dados.

As máquinas de tipo b, segundo ele, são um pouco mais sofisticadas. Elas não executam algoritmos totalmente predeterminados em árvores de decisão. Elas são capazes de imitar as estratégias de milhares de especialistas e ir buscar o modo como resolvem um problema em uma dada situação. Mas isso ainda permanece uma forma de mimetismo. A máquina desenvolve estratégias de solução de problemas utilizadas em um domínio específico, para resolver uma situação geralmente conhecida antecipadamente.

Exossomatização[24] de uma parte da inteligência humana é, de modo exponencial, cada vez mais sofisticada, cada vez mais rápida, cada vez mais maciça. Mas continuamos em crescimento da amplidão, do poder, da rapidez e precisão das máquinas de tipo *a* e *b*. O esquema geral permanece o mesmo. Kasparov diz que as máquinas de tipo *a* ganham de certos jogos, mas perdcm da maior parte dos jogos complexos. As máquinas de tipo *b* começam a ganhar mais vezes. É uma máquina desse tipo *b*, *Deep Blue* da IBM, que o bateu no jogo de xadrez em 1997. Essas máquinas de tipo *b* ganham de humanos porque elas têm a possibilidade, no domínio

[23] Garry Kasparov, *Deep Thinking. Where Machine Intelligence Ends and Human Creativity*, New York, PublicAffairs, 2017.

[24] Exossomatização: Termo introduzido por Alfred Lotka em 1945, para designar instrumentos utilizados pelo ser humano, dos quais não dispõe ao nascer.

do xadrez, por exemplo, de rever situações comparáveis em centenas de milhares de partidas. Evidentemente, isso é inacessível ao cérebro humano com uma tal rapidez. Dito isso, acontece ainda de humanos ganharem em alguns jogos contra máquinas de tipo *b* quando as situações são inéditas, e onde a intuição é um fator chave de sucesso.

Kasporov fala em seguida sobre máquinas tipo c. Nisso estamos no coração do debate: "O advento da inteligência artificial é um verdadeiro avanço, um pouco como a invenção do motor a explosão? É o que os relatos atuais nos levam a entender: "Houve o motor a explosão, houve a imprensa e agora há a inteligência artificial".

Isso não é impossível, a nosso ver, sob uma única condição; que surjam de modo operacional máquinas universais cuja existência tem precedência sobre a essência. Diante de situações inéditas, elas seriam capazes de inovar, de testar soluções novas e aprender a partir de sucessos e fracassos. Então, imagine bem o que tal máquina pode ser. Uma vez aprendidas as regras de um jogo qualquer, a máquina joga partidas contra si mesma na velocidade da luz. Essa ocorrência muito rápida permite à máquina aprender em alguns minutos, e até algumas horas, e derrotar completamente todos os jogadores humanos. Sairíamos então do esquema supervisionado pelo ser humano.

As regras são dadas e a máquina autoaprende e desenvolve linguagens que lhe são próprias. Elas são na maioria das vezes incompreensíveis para o ser humano. Com efeito, os experimentos que são feitos em máquinas interconectadas desse tipo podem levá-las a desenvolverem linguagens de comunicação intermáquinas que o humano não compreende. Isso coloca certo número de dificuldades quando se trata, por exemplo, de corrigir erros com consequências dramáticas. É o caso quando uma viatura sem chofer investe sobre pedestres sem que ninguém possa explicar por quê. Ou que um avião de linha mergulha e cai sem outras explicações. Se as linguagens utilizadas pelas viaturas são incompreensíveis para o ser humano, o defeito não pode ser identificado. Ele não pode proceder a uma correção do programa ou do algoritmo de decisão, porque o algoritmo escapa ao programador.

Além do mais, a pesquisa teórica atual sobre os processos de inteligência artificial ainda não conseguiu estabelecer a equivalência teórica que permitiu ao algoritmo "clássico" certificar, validar, algoritmos explícitos utilizados nas atividades de simulação ou de comando de processos (unicidade, convergência).

Frequentemente a crença na relevância das ditas extrações "conclusivas" substitui a indispensável avaliação por ensaios que teriam de ser realizados em condições reais para trazer uma prova confiável dessa relevância. No estado atual das coisas, os programas resultantes desses métodos não são certificáveis no sentido comum do termo. Não se pode, portanto, senão emitir as mais extremas reservas quanto ao uso nos domínios sensíveis (ciência humanas e sociais, por exemplo) de algoritmos constantemente "abertos", cuja lógica interna pode evoluir ao longo da utilização e das sinalizações de erro dos usuários.

Os algoritmos utilizados no processamento de dados maciços, para exprimir indicações úteis para os tomadores de decisão, põem de início problemas "de segurança de um funcionamento satisfatório". O primeiro risco é que os usuários dão aos resultados desses processamentos um valor que eles não necessariamente têm. Mesmos os responsáveis pela implementação desses algoritmos e métodos, muitas vezes, não sabem quais são os limites de validade desses programas, sua sensibilidade e a maneira própria de atuar (configuração, seleção dos dados entrantes...).

Para ser completo, devemos falar sobre os algoritmos do vivente ou ecoritmos de acordo com Leslie Valiant. Mas esses últimos estão muito implicados com a noção de sistema em biologia. Foram então definidos e mencionados na definição dos sistemas em I e IV deste capítulo.

VI. A evolução da concepção dos sistemas

Depois dos sistemas microeletrônicos clássicos (circuitos integrados, por exemplo), que suportam algoritmos de tipo Turing, outro está nascendo. Surgiram sistemas de simulação que poderíamos qualificar de bioinspirados, capazes de simulação e autoaprendizagem permanente como o ser vivo. São as redes de neurônios artificiais, os processadores por DNA ou processador biológico.

A utilização da IA de aprendizagem profunda (*deep learning*) e de outros métodos, avançando em direção a uma "IA forte", com ou sem algoritmos, pode abrir esperanças a uma radical novidade nas possibilidades de fabricação por meio de NBIC. É particularmente o caso da capacidade de introduzir complexidade em seus produtos, justamente aquela que atualmente separa os seres vivos naturais dos artificiais. Estamos falando agora de máquinas cuja "existência de aprendizagem permanente" dariam radical primazia à essência do que fora inicialmente programado pelo humano com a finalidade de criar uma máquina de aprendizagem universal.

Isso se encontra hoje nas redes neurais chamadas "profundas", cuja ação de tentativas-erros, no reconhecimento de formas, por exemplo, conduz essas máquinas a criar por si mesmas as categorias classificatórias aproximativamente corretas que permitem o reconhecimento de uma forma visada. O coração do dispositivo (essência) é uma arquitetura de neurônios artificiais que, de modo puramente heurístico, faz variar o poder de suas sinapses em função do fracasso ou do sucesso do reconhecimento, até alcançar um equilíbrio que faz com que a máquina quase não se engane mais. A essência é, portanto, "quase universal" porque o que funciona para o gato, pode funcionar bem para outras formas.

A eficácia é produzida pela experiência, com uma capacidade intrínseca digitalizável, mas não matematizável (complexidade das combinações possíveis para a intensidade interneural ou sinapses).

A ideia é sem dúvida tornar mais universal essa aprendizagem que produz, por si mesma, suas categorias classificatórias e, até mesmo, os algoritmos de resolução de problema e suas linguagens. Para o momento, essa hipótese choca-se com obstáculos não superados (insuperáveis?).

Outros sistemas chamados de "agentes" estão surgindo. Eles usam a simulação por meio de ensaios de erro dentro de um sistema de interrelações distribuídas com ou sem algoritmos, com ou sem memória. Compreenderemos melhor como isso funciona por meio do "jogo dos filhos ciumentos".

Essa evolução dos sistemas passa então a ser combinada com a dos algoritmos. E por sua vez faz evoluir o próprio conceito de algoritmo ou tenta hospedá-los com maior velocidade ou eficiência. Por exemplo, diante da dificuldade de programação das máquinas quânticas, um novo caminho está surgindo: utilizar a natureza quântica da matéria para simular fenômenos biológicos complexos na escala quântica. Não se está mais no quadro de programação clássica. Para compreender o surgimento desses sistemas distribuídos ou "agentes" bioinspirados, utilizamos a metáfora do jogo.

VII. Metáfora para melhor compreender todos esses conceitos: o jogo dos filhos ciumentos

Suponhamos N fichas dispostas, aleatoriamente, em um tabuleiro retangular. Cada ficha é pai de duas fichas-filho tiradas aleatoriamente entre as N-1 outras. Todas as fichas são pais, mas eles podem, mas enquanto filhos elas podem ter vários pais. Ou seja, uma ficha pode ser sorteada várias vezes por pais diferentes (sorteio sem retirada). Uma ficha pode igualmente não ter sido jamais tirada. Ela será órfã. Para um sistema eletrônico, quando se aperta a tecla com o dedo sobre uma ficha, seus dois filhos se iluminam. Quando se solta, eles se apagam. O jogo consiste no jogador deslocar as fichas no tabuleiro para que todos os pares "filhos de um mesmo pai ou irmãos" estejam, aproximadamente, na mesma distância de seu pai comum. Significa mais ou menos que essa é medida com precisão conforme a avaliação visual de equidistância que tem o jogador. Em outras palavras, fazer com que todas as fichas formem com seus dois filhos um triângulo isósceles parecendo como tal ao olhar do jogador. Fala-se de jogo dos filhos ciumentos, porque nenhuma ficha-filho aceita estar a uma distância diferente do pai que a do seu irmão. Os pais se movem para responder a essa exigência. O jogo produz um sistema de interação global e completa. Quando uma ficha se move, todas as fichas se movem. As correlações de movimento são múltiplas e globais.

Acrescenta-se aos comandos o fato de que o deslocamento das fichas deve ser otimizado, ou seja, minimizado.

Quando o jogador joga com o dedo, vê-se que sua inteligência de resolução do problema é exterior ao sistema. O jogador atua de fora no sistema para alcançar o alvo visado. Pode-se dizer que está em uma estratégia exodistributiva. A inteligência do jogador é exercida do exterior (EXO) e distribui suas ações no sistema, movendo, agitando o conjunto das fichas (distributiva).

Nessa configuração, a solução é quase impossível de encontrar, se o N for em torno de dez fichas, mesmo após horas de jogo de um jogador mais experiente. A possibilidade de criar e reproduzir de modo empírico uma cadeia de "causa e efeito", resultando em uma configuração conforme o que se deseja, é impossível para além de um limiar N. O movimento de um induz o movimento de outro e assim por diante.

A analogia dessa metáfora com exploração científica de um fenômeno complexo é relevante, porque é o objetivo de toda tentativa de explicação científica de um resultado observado pelos sentidos: "procurar refazer a cadeia causal que infalivelmente leva ao resultado observado, de modo reproduzível e com a possibilidade de confronto com a experiência crítica".

O jogador pode então tentar usar de dados matemáticos e de um processador clássico (Turing). Elabora um modelo matemático da situação do jogo. Traduz "aproximadamente o isósceles" imaginando um tabuleiro de um metro por um metro, recortado em quadrados de um milímetro cada, seja 10^6 compartimentos. Põe em equação o problema, efetuando uma posição inicial variável a todas as fichas. $(x_1, y_1) \ldots (x_{30}, y_{30})$. Ele sorteia os filhos para cada ficha e constitui então trinta triplos. Pode-se assim colocar trinta equações resultantes em uma só[25] e cuja solução matemática corresponde a uma configuração de solução. Todos os filhos estão equidistantes de seu pai com uma otimização do deslocamento.

Suponhamos, então, com um computador revisar todas as configurações possíveis de deslocamento e reter apenas aquelas que respondem à equação, sempre mantendo aquelas, cujas distâncias percorridas pelas fichas movidas são as menores. O número de combinações possíveis, tendo em conta a aproximação de 1 mm^2 de xadrez, é cerca de $(10^6)^n$ e, portanto, de complexidade exponencial. O computador não pode processá-las além de um determinado limite.

Seria certamente possível otimizar o algoritmo utilizando dados matemáticos da busca operacional, dos gráficos ou das cadeias de Markov, mas o problema permaneceria em exponencial complexidade. Hoje, surgem novos algoritmos, utilizando a natureza quântica da matéria para criar capacidades de cálculo capazes de resolver complexidades exponenciais. São os algoritmos chamados "quânticos" (exemplo: Deutsch, Grover em criptologia). Esse domínio permanece ainda em exploração teórica, e sua implementação em sistemas reais coloca numerosos problemas.

Se fosse possível a resolução do problema por equações matemáticas, o software apresentaria um caráter universal (verdadeiro quaisquer que fossem os valores iniciais e o sorteio) e,

[25] $|(x_i - x_j)^2 + (y_i - y_j)^2] - [(x_i - x_k)^2 + (y_i - y_k)^2| = 0$. Le problème est résolu par une seule équation, puisque tous les opérateurs mathématiques sont positifs $\Sigma_{i,j,k(1,N)}(|[(x_i - x_j)^2+(y_i - y_j)^2)] - [(x_i - x_k)^2+(y_i - y_k)^2]|) = 0$..

portanto, reproduzível. Uma rotina seria escrita na qual se inseririam as coordenadas iniciais, o resultado do sorteio, e obter-se-ia na saída as coordenadas de solução. O ser humano seguiria cada etapa para a resolução da equação, conheceria as aproximações que faz, adquiriria um conhecimento de soluções adaptável a todos os contextos. Em caso de erro, poderia retomar o algoritmo ao longo de seu raciocínio lógico, e verificar, por experiência crítica, em cada etapa, a relevância da colocação em equação, corrigindo-a em caso de erro. Poderia atribuir à sua teoria de solução do problema (equação programada) um status de verdade científica. Poderia dizer que monitora teoricamente as correntes causais do sistema. Mas, infelizmente, nesse caso, isso se mostra impossível. Faltam-lhe algoritmos explícitos ou as máquinas de tipo A.

Outra possibilidade de solução, em um piscar de olhos, vem revolucionar esse cálculo. O projeto de uma "calculadora à base de seres humanos". Trinta a cinquenta pessoas recebem, aleatoriamente, dois filhos que não conhecem seus pais. Eles se colocam por acaso em uma sala retangular. Ao sinal de partida, todos se movem para se colocar aproximativamente equidistantes de seus dois filhos, tentando se mover o menos possível para se juntar à mediatriz do segmento dos dois filhos. A experiência mostra que o sistema converge, no máximo, em menos de dois minutos, após um caos de menos de um minuto.

Sabe-se que um "pai", irritado por não encontrar soluções com seus dois filhos, complique todo o grupo. É uma iniciativa de ruptura, ali incluída nas regras. Veremos que isso é importante, pois é uma característica do humano fazer surgir uma iniciativa disruptiva ligada a uma intuição (agilidade de nosso inconsciente cognitivo). O que não é o caso dos sistemas técnicos.

Nesse caso, o ser humano que criou esse "computador com base em humanos" e que o fez funcionar (ponto de ajuste, verificação das conformidades ao ponto de ajuste...) não tem mais acesso a um algoritmo global. Trata-se de uma inteligência coletiva que escapa a qualquer tentativa de descrição formal de um algoritmo e de uma equação global. Poder-se-ia dizer que é um mecanismo associando algoritmos elementares (agentes) que, de certa forma, se comportam como em um sistema vivo (ajustes mútuos). Fala-se de sistema bioinspirado. Sua redução e seu formalismo por equações matemáticas globais, teoricamente solúveis pelo conhecimento matemático do ser humano, tornam-se impossíveis.

Mas com esse processador "humano", torna-se também impossível demonstrar que não exista um limite além do qual o problema permaneça insolúvel: 1.000 humanos, 5.000 humanos... O limite vem, por exemplo, da acuidade visual do ser humano para se posicionar em frente de dois filhos, entre vários milhares em uma sala.

Pode-se, por esse exemplo, tomar consciência dos limites da leitura e escrita do livro da natureza pelos matemáticos, quando esses já são colocados em dificuldade por um problema relativamente simples no que diz respeito à complexidade do emaranhado dos ecoritmos do vivente biológico.

Pode então surgir outra solução. Trata-se de criar uma quantidade de agentes técnicos compostos, por exemplo, de minirredes de neurônios artificiais. Esses têm conhecimento e entrada, em tempo real, da posição de seus filhos. São capazes de implementar um algoritmo simples de aproximação otimizada da mediana do segmento que formam com ela. Param virtualmente de se movimentar quando ninguém mais se move. Mover vitualmente quer dizer fazer variar x e y que caracterizam suas posições físicas. Isso significa que todos os pais estão aproximadamente equidistantes de seus dois filhos, por um limite de aproximação definido antecipadamente entre 0 e um parâmetro P. O sistema técnico provavelmente convergirá em alguns milissegundos. Esses agentes técnicos podem também ser puramente programados. São peças de programas que comunicam sua posição recíproca entre si e que movem virtualmente fazendo variar os valores de x e y.

Mas aí também se trata de uma prova por experimentação simulada e que será sempre limitada ao número de agentes que podem ser postos a atuar em paralelo.

VIII. Os sistemas bioinspirados

Por essa metáfora de resolução do jogo dos filhos ciumentos, acabamos de percorrer sessenta anos de história dos sistemas e algoritmos. Estamos nisso em um caso particular, pois o jogador conhece as regras do jogo, e a configuração na qual quer concluir (limite da metáfora). A matriz inicial ou mesmo o modelo inicial, ou ainda, o real dessa situação é conhecido, descrito por um modelo que se sobrepõe ao conjunto.

Suponhamos agora a concepção dos sistemas técnicos e algorítmicos de ajuda na compreensão de um fenômeno complexo ainda não realizado e cuja complexidade não é polinomial, mas exponencial. Suponhamos que se tenha sobre esse fenômeno uma quantidade considerável de dados, mas cuja amplidão em número, relações e causalidades escapa aos limites humanos de identificar por raciocínio. Sua redução a modelos criados pelo ser humano fracassa ou permite apenas uma aproximação muito parcial do funcionamento. Pode-se tomar como exemplo a frequência cardíaca para a qual o modelo homeostático se revelou insuficiente.

Trata-se de uma situação em que o matematizável e o calculativo não nos permitem refinar os modelos. É o caso para as regularizações do ritmo cardíaco. Para isto, os sensores são numerosos e o experimento crítico fácil de realizar. Um primeiro limiar de "emancipação" do algorítmico se expressa então pelo fato de a programação dos algoritmos não resultar mais pelo modelo homeostático perfeitamente matematizável, mas pela produção da própria máquina de modelos possíveis resultantes da análise das correlações em massa de dados existentes. O ser humano tem, então, toda a possibilidade de confrontar essas propostas de modelos com a experiência crítica e essa assistência de apoio pela máquina estimulará sua criatividade em abrir amplamente o campo de possibilidades.

Perde em universalidade de conceitos produzidos, mas ganha em criatividade e em ampliação das possibilidades. Contudo a verdade científica é de natureza diferente, pois ela só se garante por meio de simulação bem-sucedida e uma experimentação confirmativa, mas que permanece dentro de seu campo limitado de experiência (condições, parâmetros ocultos, efeitos colaterais). Entretanto, no conjunto, pode-se dizer que o cientista mantém o controle. Vê-se nisso um primeiro limiar de mudança epistemológica que apresenta uma renovação de questões éticas. No plano da ética do conhecimento, afastamo-nos do que Immanuel Kant designava por capacidade humana de elaborar conceitos de alcance universal, o que induz a outra forma de mentalidade do pesquisador atraído pela eficiência de modelos que lhe escapam do plano puramente cognitivo. Quanto à ética prática, ela se vê interrogada pelas realizações baseadas em verdades mais empíricas do que conceituais ou universais, e, portanto, mais difíceis de se manter no espaço e no tempo (parâmetros esquecidos, correlações com sinal fraco...).

Mas um segundo limiar se apresenta. É o caso quando a experiência crítica é difícil, até mesmo impossível de ser implementada, pois exigiria muito tempo ou seria travada por questões éticas. Pense-se nas experimentações humanas em morfogênese, experimentos irreversíveis de geoengenharia (fertilização maciça de plâncton pelo ferro, pó de diamante na atmosfera...).

É o caso que ocorre por exemplo também em ciências sociais. Isso pode, aliás, ser ilustrado pela questão contemporânea de algoritmos utilizados pela Internet onde se está perdendo progressivamente o controle, inclusive por parte de seus próprios programadores. A tentação antiga, em ciência, de confundir o real empírico com o real modelado pelo ser humano pode então se expressar em uma espécie de amnésia coletiva em nome da eficácia ou, às vezes, da urgência. Assim, modelos obtidos unicamente de simulação e análise dos dados podem ser ativados em ação silenciando o discernimento humano. Observa-se, então, do ponto de vista da ética do conhecimento e da ética prática uma ampliação das questões levantadas pela ativação de um sistema algorítmico totalmente emancipado em relação à intervenção humana.

Um terceiro limiar poderia nos afundar sob a pressão tecnoeconômica, a automatização integral da cadeia que conecta "verdade do previsto ou do simulado" e atuação técnica. Essa automatização poderia levar até a uma integração em escala nanométrica por meio da reação totalmente artificial de microssistemas inteligentes pseudovivos. Esses criariam outra vida ou a transformariam consideravelmente. Nesse caso, explodem as questões éticas.

Nossa proposta é oferecer agora perspectivas da relação ciência e fé, sobre essas evoluções-revoluções. Mas para isso precisamos evocar primeiramente alguns fundamentos prévios.

IV

CIÊNCIAS, TECNOCIÊNCIAS E FÉ CRISTÃ

Nexo com o tema geral

Sendo o subtítulo da obra "*Um olhar cristão sobre um desafio ético*" *Desafios éticos em perspectivas da relação Ciência e Fé*, e tendo escolhido a fé cristã para agilizar o diálogo epistêmico em questão. Retomamos a seguir um ponto de vista histórico e conceitual sobre as relações entre ciência, tecnociência, ética e fé cristã, a fim de situar o tema principal do ensaio no contexto histórico das relações "ciência e fé". Destacaremos o quanto se distinguem as relações "ciência e fé", estudadas nos anos 1980 a 2000, por causa do *status* específico das tecnociências e de seus fundamentos numéricos e tecnoeconômicos. Lançaremos, então, um olhar cristão aos novos desafios da revolução digital no coração das tecnociências, e principalmente sobre a questão da ética prática levantada pela impressionante ascensão da civilização algorítmica.

Introdução

A concepção cristã contemporânea de um nexo entre ciência e fé já teria sido definitivamente superada na época em que a Igreja condenava Galileu; é o que, às vezes, se diz. Estaríamos no início do século XVII, no momento da passagem das concepções geocêntricas para as heliocêntricas em astronomia. A Igreja da época se recusava ver as consequências daquilo que o telescópio, o novo instrumento da ciência, mostrava. É de se notar, aliás, que a condenação de Galileu se relacionava mais com sua tentativa de integrar os novos conceitos da astronomia nas concepções cristãs de mundo na época, do que com suas próprias teorias.

Contudo a Igreja católica levou mais de três séculos para se inteirar da nova ciência e renovar suas concepções do universo e dos processos de evolução e humanização. Tudo isso reformulou a relação entre ciência e fé, paralelamente a uma renovação nos métodos da exegese bíblica. O que abriu também caminho de renovação na teologia da criação.

A contracapa do livro de Georges Minois oferece uma síntese cronológica da evolução das relações entre ciência e fé:

"A ciência moderna nasceu na primeira terça parte do século XVII. Galileu, que foi seu principal iniciador, reivindicava a autonomia da ciência para decifrar o livro da natureza. Sua condenação, portanto, em 1633, pelo tribunal do Santo Ofício, é o ponto de partida do grande mal-entendido entre a Igreja e a ciência. O fantasma de Galileu vai perseguir a consciência católica por três séculos e meio: só em 1982 que João Paulo II exprimiu o pesar da Igreja a propósito desse 'affaire'.

Três séculos e meio durante os quais a Igreja perde pouco a pouco todo o controle sobre a evolução das ciências, por se recusar a adaptar-se às novas teorias. Após ter censurado os movimentos da Terra, condena a física mecanicista de Descartes, o atomismo, o darwinismo. Os primeiros resultados da geologia e da pré-história que contradizem a cronologia bíblica e o dilúvio universal estão no caminho. A condenação do modernismo em 1907 marca o apogeu do imobilismo da Igreja.

No início do século XX, retoma-se timidamente o diálogo. Pio XII afirma sua simpatia pelos cientistas. Mas obstáculos permanecem principalmente a propósito da origem do ser humano. Os velhos métodos não desapareceram, como o ilustra Teilhard de Cardin.

Hoje, o progresso da genética e da procriação artificial renovam o debate. A mecânica quântica e o modelo inflado do *big bang* aproximam os pontos de vista religioso e científico. A visita de João Paulo II ao CERN (Organização Europeia para a Pesquisa Nuclear) mostra que as condições de uma retomada de diálogo parecem reunidas. Estamos às vésperas de uma grande síntese? A história nos ensina a prudência"[1].

Mas, estejamos certos, "novos telescópios" nos envolvem de todos os lados. Eles sondam o infinitamente pequeno do funcionamento cerebral, dos genes e da embriogênese até o infinitamente grande do universo. Eles abrem um potencial técnico disruptivo derrubando nossas concepções de bem e de mal, de bom e de justo. Os novos paradigmas que provocam provavelmente nos levam de volta à situação nos tempos dos "Mensageiros Celestiais" em 1610, em certo número de casos.

Uma questão se torna chave no debate com as ciências sobre a origem: "O ser humano é fruto do Acaso ou um ser único querido por Deus"? E, imediatamente, surge a questão: "Como ler hoje a criação tal como a Bíblia nos propõe, diante da Evolução que as ciências modernas nos descrevem"?

[1] Georges Minois, *L'Église et la science: histoire d'un malentendu*, Paris, Fayard, 1991.

1
VERDADES CIENTÍFICAS E VERDADES DE FÉ: CONFLITOS, EVOLUÇÃO E ARTICULAÇÃO

I. Introdução

Desde o caso Galileu, em 1633, até nossos dias, quatro grandes momentos aqui resumidos (Galileu, Darwin, Freud, o ser humano-máquina) vieram abalar as representações dominantes sobre a ordem do mundo e sobre o lugar do ser humano nele. Isso em oposição às sínteses propostas por Tomás de Aquino no século XIII, apoiando-se no modelo de Ptolomeu. Com esse modelo, o ser humano era o centro da finalidade da terra, e a terra, o centro da finalidade do universo.

Com Galileu, nas pegadas de Copérnico, o ser humano não é mais o centro do mundo. Isso é um verdadeiro *tsunami*, pois essa tese, apoiada nas observações objetivas possibilitadas pelo totalmente novo telescópio, abala a ideia em curso, desde os gregos, que a espécie humana e seu desenvolvimento estão no centro geográfico do universo, no centro de uma finalidade última para os cristãos. Para a Igreja, apoiada na leitura de Gênesis que se fazia na época, Deus faz aliança com o ser humano que ocupa um lugar central para conduzir o destino de todo o cosmo. A visão heliocêntrica vem abalar essa certeza.

De Darwin, em meados do século XIX, até Monod, no século XX (depois do surgimento da genética), é desenvolvida a ideia de que o humano se inscreve, como as outras espécies, na história da evolução. Ele seria também fruto da seleção natural entre acaso e necessidade. Essa visão conduziu a numerosas turbulências nas relações entre a ciência e a teologia.

Essa ideia leva alguns hoje à negação de qualquer ruptura entre o reino animal e o "reino humano". Uma continuidade biológica, psicológica, mas também psíquica, e até sociológica. Assim as teorias imanentistas se servem de todos os meios, levando à ideia de uma explicação universal do mundo, incluindo a emergência da consciência e das sociedades humanas que seriam apenas mais avançadas que as sociedades animais. A linguagem dos animais é conhecida pelos etólogos como cada vez mais sofisticada e não verdadeiramente em ruptura com a sofisticação da linguagem humana; questão de escala e de profundidade lógica, dizem eles. Essas afirmações constituem hoje objeto de numerosas controvérsias científicas.

Com Freud, no final do século XIX, o ser humano parece também não estar no centro de si mesmo, uma vez que seu inconsciente lhe escapa!

E, por fim, estão surgindo outras concepções mais recentes, tentando apagar as diferenças entre máquinas dotadas de inteligência artificial e inteligência humana. Com efeito, se o ser humano é pensado como uma máquina sofisticada e sua inteligência como puramente calculista, então a ideia de um *continuum* entre máquina e humano não está mais fora de cogitação. Mas essa unificação ser humano-máquina leva a muitas outras. Essas são as ideias de uma possível reparação universal, de adaptação da máquina "ser humano", de seu aperfeiçoamento e de domínio de sua genealogia física e histórica (Trans-humanismo, pós-humanismo).

Coloca-se, então, a pergunta: como ter fé depois de Galileu, Darwin, Freud e o ser humano-máquina? Essa questão foi posta a um eminente físico e sacerdote por um dos estudantes. "Padre, como um ser humano de ciência, como o senhor, pode crer em Deus? " Ele responde: "Meu jovem amigo, eu tinha a escolha entre o absurdo e o inacreditável, eu escolhi o inacreditável". Mas pode-se ir mais longe?

II. Distinguir as verdades científicas e as verdades de fé para tentar articulá-las

No diálogo entre ciência e teologia, tornado tão necessário no Ocidente após o trauma do caso Galileu, é preciso situar bem as verdades chamadas "científicas", sempre provisórias, e as verdades de fé que a teologia não cessa de aprofundar a partir da Revelação cristã e da Escritura.

Como dissemos no fim do parágrafo sobre a evolução da noção de verdade em ciências duras, o que está em jogo nas relações entre "ciência e fé" no Ocidente é o confronto entre "verdades científicas provisórias" e "verdades de fé". Na busca da verdade, os cientistas das ciências experimentais buscam as causas naturais dos fenômenos. Para alguns, essas causas vão substituir a explicação dada pelas religiões *via* a ação de Deus. Mas quando se coloca assim em confronto "Deus e ciência", de que deus se fala? Trata-se, muitas vezes, de um "deus explicação", por exemplo, o grande relojoeiro do universo. Da mesma maneira, quando se coloca a questão "Deus ou o acaso" na evolução do ser vivo, isso significa elevar o acaso à categoria de um deus, e colocar Deus como "causa entre as outras causas". Todavia o Deus da Bíblia seria uma explicação, do mesmo tipo que uma explicação científica? Certamente, não.

Já Aristóteles e Tomás de Aquino nos deram os meios para evitar essa primeira grave confusão, fonte de muitos mal-entendidos. Para Aristóteles, a causa não é simplesmente o que precede o efeito (que é, muitas vezes, a definição conservada na ciência), mas inclui outros fatores, como a vontade de agir. Assim, para o artesão que fabrica um objeto, Aristóteles distingue quatro tipos de causa para conhecer a realidade: a causa *material* (a matéria que constitui uma coisa), a causa *formal* (a essência dessa coisa), a causa *eficiente* (o princípio de transformação) e a causa *final* (aquele "em vista do qual" a coisa é feita). Assim, para um escultor que faz uma estátua: o mármore é a causa material; a causa formal é a ideia em ação no espírito do escultor; os golpes de cinzel, a causa eficiente e o desejo de, por exemplo, é a causa final. Fala-se, além disso, da causa primeira, sob o ponto de vista do primeiro princípio, a causa das causas, a responsável pela ordem do universo. Em filosofia, fala-se também de Deus como causa primeira, no sentido da origem, situada em um plano distinto das quatro causas citadas acima.

Tomás de Aquino, apoiando-se em Aristóteles, falará de Deus como causa primeira, assim como ele o anuncia, por exemplo, nesta passagem da *Summa contra gentiles* (III,70): "Um mesmo efeito não é atribuído à causa natural e a Deus, como se uma parte fosse de Deus e a outra, da causa natural. É todo inteiro de um e de outro; mas, segundo modalidades diversas, tudo como um mesmo efeito saído todo inteiro do instrumento e todo inteiro da causa principal".

É o que Teilhard de Chardin traduzirá no século XX da seguinte maneira: "Lá onde é Deus quem opera, ele nos é sempre possível, permanecendo em certo nível, ver apenas a obra da natureza. A causa primeira não se mistura aos efeitos: ela atua nas naturezas individuais e no movimento do conjunto. Deus, estritamente falando, não "faz". "Ele faz com que as coisas sejam feitas."[2] Ele acrescenta: "Quando a causa primeira atua, ela não se interpõe no meio dos elementos deste mundo, mas ele age diretamente sobre as naturezas, de tal modo que, poder-se-ia dizer, Deus "faz menos as coisas do que quando não as faz acontecerem".[3]

Essas distinções são essenciais para não semear a confusão entre uma explicação científica e Deus criador. Traduzimos essa distinção no contexto das relações entre ciência e teologia. A teoria da evolução repousa no princípio de que tudo o que apareceu no curso da história da vida é fruto da transformação da energia e da matéria.

---

[2] Pierre Teilhard de Chardin, Œuvres complètes, t. X, Paris, Seuil, p. 38.

[3] *Ibid.*, III, p. 39.

Ao contrário, a noção de Criação na Bíblia afirma que "tudo o que é" existe porque Deus o fez ser. Há, pois, um domínio de Deus e uma ação de Deus, como está indicado no livro dos Atos dos Apóstolos (18,28): "Em Deus temos a vida, o movimento e o ser". A questão, portanto, é: como articular essas duas ações sem confundi-las?

É a partir dessas clarificações que numerosos teólogos (ver na França os escritos de Jean-Michel Maldamé, François Euvé et Jacques Arnoult particularmente) trabalharam as articulações entre Evolução e Criação. Eles se basearam nas análises epistemológicas e linguísticas dos dois domínios, bem como nos progressos da exegese bíblica sobre o que vale dizer agora algumas palavras.

III. Evolução da exegese bíblica a partir do século XVIII

A questão da interpretação das Escrituras é uma questão antiga. Sobre isso é particularmente interessante olhar de perto as intepretações, muitas vezes audaciosas, dos Padres da Igreja, nos oito primeiros séculos, no que diz respeito ao mundo cristão. A questão é importante, especialmente no seio das relações difíceis entre a Igreja e a ciência, particularmente na questão da criação, como indicado acima.

É no fim do século XVII que nasce o que é chamado de método crítico da análise das Escrituras (particularmente com Richard Simon). Progressivamente os métodos da história, da arqueologia e das ciências humanas vão tomando lugar na análise de Bíblia. A fundação da Escola bíblica de Jerusalém pelo padre Lagrange (1890) é um exemplo significativo cuja irradiação se tornará essencial.

O Concílio Vaticano II, em sua constituição dogmática sobre a revelação *Dei Verbum,* confirma a importância da aproximação crítica para colher o sentido dos textos bíblicos por meio de seus gêneros literários. É o documento da Pontifícia Comissão Bíblica sobre a interpretação da Bíblia na Igreja (1983) que retomará as grandes evoluções da Igreja católica a esse respeito. O método histórico-

-crítico foi promovido, integrado aos métodos sincrônicos, como a análise retórica, a análise narrativa e a análise semiótica. São igualmente propostas as aproximações canônicas e aqueles recursos da tradição de intepretação hebraica, bem como o recurso das ciências humanas, como a sociologia e a psicologia. Como indica o documento, a Palavra de Deus abre para si um caminho por meio dos condicionamentos diversos das pessoas que compuseram os escritos bíblicos.

A Igreja católica, desde então, utiliza uma grande gama de métodos científicos para a análise das Escrituras. A Comissão bíblica reconhece, aliás, que nada do que a pesquisa moderna traz é estranha à exegese. Ela fornece também critérios de discernimento para avaliar o que cada momento da história traz à exegese bíblica.

IV. A contribuição do Concílio Vaticano II (1962-1965)

Nas relações entre ciência e fé, é particularmente importante para a teologia situar melhor seu discurso face a outras racionalidades, ao mesmo tempo que aprofunda suas especificidades, em particular seu olhar particular sobre a Criação e sobre o Deus criador. É dentro desse contexto que o olhar particular da teologia sobre a ideia de Criação, que difere da filosofia (também muito útil), poderá ser recebida em sua riqueza e lançar mais luz sobre o diálogo entre ciência e teologia.

É certo de que o Concílio Vaticano I (1870) já reconhecia uma legitimidade das ciências apesar do cientificismo do século XIX e das difíceis relações com o mundo dos cientistas. Mas permanecia em uma postura defensiva da fé e pouco inclinado ao diálogo. De modo totalmente novo, o Concílio Vaticano II percebe as transformações da sociedade e engaja a Igreja em uma "conversação ao mundo moderno". Alegra-se de seus sucessos e critica seus desvios. É um verdadeiro aggiornamento, atualização em seu relacionamento com suas fontes e sua tradição na realização eclesial ao longo do Concílio.

O Concílio se beneficia, como dissemos, da renovação da exegese e da teologia em suas relações com as ciências humanas e à filosofia. Notamos também uma renovação do interesse pelos Padres da Igreja, que alimenta a renovação em questão.

O Concílio destaca, em sua constituição *Gaudium et Spes* (1965), a autonomia legítima das realidades terrestres, a autonomia dos seres humanos, das sociedades e das ciências. Permite o reconhecimento da legitimidade da distinção entre as esferas de racionalidade. O que lhe permite rever a ideia de Criação, como após o Concílio os teólogos farão.

V. O Deus criador da Bíblia é mais que uma "causa primeira"

No capítulo referente à verdade científica, vimos quanto a noção de causa é essencial. Ela é, muitas vezes, a interface da confrontação de verdades entre ciência e teologia. É então importante especificar como a ideia de causa é enriquecida pela teologia da Criação e diferentemente da ciência.

O lugar da teologia da Criação é a Palavra de Deus recebida na fé, com o cuidado de evitar uma confusão de registros de discurso, evitar também todo concordismo. O Deus criador, Deus de Abraão, de Isaac e de Jacó, é o Deus que se reconhece no interior da Aliança bíblica e de sua história. No coração dessa jornada está a Palavra de chamado à fé.

O caráter único da Criação bíblica é posto em evidência por meio do sentido da palavra hebraica *bará,* que é atribuída apenas a Deus. Põe em evidência a ação gratuita de Criação por Deus que não tem outras necessidades além da liberdade de seu amor. É Trindade criadora pelo transbordamento da relação de amor do Pai, do Filho e do Espírito.

Na visão cristã, Deus cria por sua Palavra, Deus é o criador do céu e da terra. Ele cria a "partir de nada". Ele cria um mundo inacabado. Ele cria o humano, macho e fêmea, à sua imagem e Ele promete e realiza a salvação de toda a criação, tornando o ser humano co-criador.

O Deus criador da Bíblia é, portanto, mais que uma causa primeira no sentido filosófico do termo. O teólogo Adolfo Gesché, em sua obra *Dieu pour penser*, [4] critica utilmente o uso teológico da causalidade. Essa noção, segundo ele, reduz a ideia de ação criadora a uma moção externa onde os fatos se encontram integralmente na causa. Em Deus se encontram de fato a origem, a razão das coisas e, portanto, sua causa. Mas não se pode identificar Deus com uma simples causa. Ele não causa as coisas. Ele as cria, provoca a se tornarem. Há muito mais na noção de criação que na de causa. De fato, é de Deus que o mundo tem sua existência e seu princípio, mas "suas decisões internas" lhe são deixadas e confiadas por Deus. É nisso que se distingue um criador de um fabricante.

Deus não dita nada. Mas chama e atrai para si. A Criação é obra sua e a resposta do mundo criado por sua Palavra de chamado, dela participa, especialmente o ser humano como concriador. É uma verdadeira Aliança, em uma relação de reciprocidade cheia de liberdade e de risco.

A criação não está acabada. "O cosmos é atravessado por um vazio criador, e nossa fé, nossa ética, nosso gesto criador seguem essa fé de Deus e essa fé do mundo" (Gesché, p. 126-127). A ideia de Criação segue o ato de confiança de Deus, dando crédito ao ser humano e ao mundo que Ele acompanha em seu desenvolvimento. O mundo se encontra então em gênese, precedido por uma fé requerida por uma promessa e uma expectativa. O mundo foi confiado por Deus ao ser humano, a sua liberdade, a sua inteligência criativa. Criação e salvação estão ligadas, a salvação vem de Deus ao ser humano pelo cosmo (p. 197).

[4] Adolphe Gesché, *Dieu pour penser*, IV, Paris, Le Cerf, 1994. Deus para pensar. São Paulo: Paulinas, 2004.

François Euvé, em seu livro *Penser la creation comme jeu*[5], utiliza a metáfora do jogo para falar do ato criador e da teologia da Criação. O jogo supõe um espaço de indeterminação e de gratuidade que suscita criatividade e concriação. *Pensar a criação como jogo* permite também pôr em evidência as lacunas do modelo causal que representa o cosmos como se fosse um produto finalizado! O jogo contém a liberdade, a autonomia dos atores: Deus, o ser humano e o cosmos entram em uma relação. A ciência entra nessa relação *via* esclarecimento das regras do jogo.

Pensar a Criação com a ajuda da noção de jogo lembra que ela é, antes de tudo, relação, tendo como fonte a Trindade criadora. No pensamento teológico judaico, depois cristão, a categoria do "jogo criador" está presente desde o Livro dos Provérbios até os Padres da Igreja, como Máximo, o Confessor. Mais tarde, Blaisse Pascal retomará também a ideia de jogo e, mais próximo de nós, o teólogo Adolph Gesché, citado acima. Na ideia da Criação assim concebida, o jogo pode ser o da Sabedoria bíblica como princípio de ordem, e o jogo do Espírito como princípio de vida, de movimento e de evolução (criação continuada), em complementariedade.

Como o diz Benoît Bourgine no artigo "A ideia de criação na teologia contemporânea"[6], o modelo do jogo permite pensar um Deus assumindo riscos eventualmente mortais, em favor do ser humano, como o manifesta a loucura da Cruz. A história não é mais escrita antecipadamente por uma inteligência calculadora e onisciente, porque a liberdade de todos os protagonistas determina o fluxo imprevisível do jogo. Isso honra a relação que a Bíblia estabelece entre criação e salvação, entre criação e ressurreição" (152). A ressurreição de Cristo abre a irrupção de uma criação nova pela mediação de seu corpo. O modelo de jogo implica a dimensão trinitária da Criação. Em seguida, Bougine acrescenta: "A ideia de criação consiste em colocar, no início de tudo, uma intenção de uma

---

[5] François Euvé, *Penser la création comme jeu*, Paris, Le Cerf, coll. Cogitatio Fidei, 2000, 319.

[6] *In* Françoise Mies, *Que soit!*, Bruxelles, Lessius, 2013, p. 133-154.

generosidade tal, que ela assume o risco de coordenar uma história ainda por escrever e que, por esse fato, não teme suscitar seres chamados a responder por si mesmo e por seu destino. A liberdade do ato da criação encontra eco na liberdade da confissão de fé que proclama que Deus é fonte de todo ser e de toda vida" (p. 153).

O Deus criador não é um fabricante. No livro do Gênesis no primeiro capítulo, Deus *disse e a criação se fez*. No prólogo do Evangelho, segundo São João, evocando o Cristo, Palavra de Deus incarnada, está escrito: "No começo era o Verbo, e o Verbo era com Deus e o Verbo era Deus. Estava no início com Deus. Tudo foi feito por ele e nada do que foi feito, foi feito sem ele". Muitos outros textos do Antigo e Novo Testamento vão no mesmo sentido. Essa Palavra, por sua vez, criou o mundo e chama os seres humanos a se colocarem a caminho como Abraão para "ir rumo ao país que eu te mostrarei" (Gn 12,1).

Como diz o teólogo Adolphe Gesché[7]: "O texto escriturístico não fala de uma causalidade imediata de fabricação, mas de um surgimento e de um acontecimento. "As coisas se tornaram", diz a Bíblia. Por Deus, por sua Palavra, por seu Verbo, todas as coisas vieram a ser. Elas foram postas em seu devir. Pode-se dizer que o "por Ele tudo foi feito" do Credo é equivalente, se assim disséssemos, "por Quem tudo está sendo feito". Tradução mais adequada, que exprime melhor o caráter dinâmico, não acabado, do gesto divino. Fala-se hoje de Criação contínua e de Criação continuada[8].

VI. A Criação na Bíblia, para além de uma teologia natural

"Deus criador do céu e da terra" se encontra nos dois símbolos da fé, o Credo de Niceno-constantinopolitano e o Credo dos Apóstolos. As primeiras palavras desses Credos são: "*eu creio em Deus*". O crente não encontra os fundamentos de sua fé na observação

[7] Adolphe Gesché, *Dieu pour penser*, op. cit., p. 70.

[8] Fabien Revol, "Théologie de la création continuée", Revue des sciences religieuses 91/2, 2017.

científica do mundo que o envolve. Ele não busca provar a existência de outro mundo a partir das ciências.

No entanto, como, por exemplo, lê-se no livro de Jó, a articulação entre o ato de fé e a confissão em um Deus criador pode ser feita com uma forma de teologia natural. E isso passando pelo poder da razão diante da questão da existência de Deus. Mas é também a teologia natural, como a de William Paley, que um Darwin contestará profundamente, à luz de suas descobertas científicas. Mesmo que a teologia natural permaneça atualmente no seio do cristianismo, a novidade radical da Criação do céu e da terra por Deus é de uma ordem diferente da que pode ser acessada pela teologia natural. E um pouco mais, é nesse sentido que não se deve confundir, por exemplo, Criação (no sentido teológico) e Evolução (no sentido das ciências do ser vivo). Trata-se de articular essas duas noções, como vimos.

Desde o Antigo Testamento, a ideia da Criação *ex nihilo* (a partir do nada) aparece, particularmente, no segundo livro de Macabeus (7,28): "Eu te peço, meu filho: Contempla o céu e a terra e observa todas as coisas que há nele, reconhece que não foi de coisas existentes que Deus as fez e que o gênero humano tem a mesma origem". A ideia de Criação *ex nihilo* sublinha como a maneira de Deus criar é de uma ordem diferente, radicalmente diferente, de toda a criação humana. Não se trata de uma forma de emancipação ou de transformação, como as ciências e as filosofias podem falar. Quando Deus criou, ele fez algo radicalmente novo, nenhuma matéria prévia lhe é necessária. Deus age por pura bondade. Segundo Tomás de Aquino, ele é totalmente livre para criar e sua vontade tem sempre sábias razões, jamais causas.

Na perspectiva da Criação *ex nihilo*, há como que uma relação de origem. A relação com o criador é também com os princípios de todo ser criado. Ela se expressa a todo instante, ela fala nos acontecimentos inscritos em nossa história. Ela é mais que uma causa, mais do que um "fundamento das coisas, e até mesmo um fundamento do fundamento das coisas". É uma relação de amor, transbordante do amor trinitário; é uma relação de Aliança entre Deus e o ser humano, revela-nos a Bíblia. Ela é personalizante.

O Catecismo da Igreja católica diz assim: por que Deus não criou o mundo tão perfeito que nenhum mal pudesse existir nele? Segundo seu poder infinito, Deus poderia criar algo melhor. No entanto, em sua sabedoria e bondade infinitas, Deus quis livremente criar um mundo "em estado de caminho" para a perfeição final. Esse devir implica, no desígnio de Deus, justamente com o aparecimento de alguns seres, e o desaparecimento de outros; o mais perfeito, assim como o menos perfeito; e as construções da natureza assim como suas destruições. "Com o bem físico existe, portanto, o mal físico, enquanto a criação não tiver atingido a perfeição".[9] Tal é o desígnio de Deus sobre o mundo, em coerência com uma Criação *ex nihilo*, com a liberdade criadora de Deus, e a Aliança de Deus com um ser humano concriador. O ser humano é assim colocado em ação pela Palavra de Deus para ser artesão da conclusão do mundo. O cristianismo fala da escatologia, do fim dos tempos e de um novo caminho onde a Criação e salvação, Criação e escatologia estão ligadas.

VII. Deus cria o ser humano e a mulher a sua imagem, cocriadores

No primeiro relato da Criação do livro do Gênesis no sexto dia, Deus diz: "Façamos o ser humano, como nossa semelhança, domine sobre os peixes do mar e sobre as aves do céu, sobre os animais domésticos, sobre todos os animais selvagens e sobre todos os répteis que rastejam pelo chão. E Deus criou o ser humano a sua imagem; à imagem de Deus o criou; ser humano e mulher os criou" (Gn 1,26-27).

[9] *Catéchisme de l'Église catholique*, Paris, Mame/Plon, 1992, n. 310.

O Catecismo da Igreja Católica relembra que "o ser humano e a mulher são chamados a participar na Providência divina em relação às outras criaturas. Daí sua responsabilidade para com o mundo que Deus lhes confiou" (n. 373). Nossa responsabilidade diante da Criação, diante das grandes questões de ecologia de hoje, assunto importante na Bíblia, contrariamente a uma visão puramente antropocêntrica que favoreceria um ser humano como "mestre e dono da natureza"! O ser humano se encontra, todavia, diante da tentação de tomar-se por Deus, o que nos é relatado na célebre passagem de Gn 3. O ser humano é capaz de amar e de servir Deus e a Criação, mas também capaz de trair Deus e de maltratar sua Criação. O mistério do mal está ligado ao da Criação e ao do ser humano. O ser humano pretende viver sem a relação que Deus lhe oferece no âmbito da Aliança. O pecado é justamente a ruptura da Aliança, qualificada de original.

Apesar desse risco, Deus dá ao ser humano ser concriador responsável de uma criação em andamento. A grande síntese de Teilhard de Chardin se inscreve nesse movimento com a ideia de um ponto Ômega para o qual tudo converge por meio do ser humano cocriador, seta da ascensão da complexidade-consciência. Para ele, esse Ômega é Cristo. Teilhard, desse modo, associa-se às ciências e à teologia de sua época, nos passos de santo Irineu de Lyon. Esse último já inseria a aventura da humanidade no seio do cosmos global, como o caminho traçado por esta afirmação de fé: "Deus se fez ser humano para que o ser humano entre na vida de Deus", estando a humanidade ainda em sua infância.

Deus mantém sua promessa, a de criar o ser humano, todo ser humano a sua imagem, para conduzir toda a humanidade ao cumprimento na pessoa de Jesus Cristo. A carta aos Colossenses (1,15-20) afirma com vigor: "Ele é a imagem do Deus invisível, primogênito de toda criatura, pois nele foram criadas todas as coisas nos céus e na terra, as visíveis e as invisíveis: majestades, domínios, soberanias e autoridades; tudo foi criado por meio dele e para ele. Ele existe antes de todas as coisas, o universo é mantido por ele. Ele é também a Cabeça do Corpo, que é a Igreja. Ele é o princípio, o primogênito dentre os mortos para ter em tudo a primazia, pois Deus quis fazer habitar nele toda a plenitude e por meio dele reconciliar consigo todas as criaturas, pacificando com o sangue de sua cruz".

Deus promete e realiza a salvação de toda criação. A humanidade está a caminho para uma nova criação inaugurada por Cristo em quem tudo foi feito e para quem tudo existe. Lembrando que Deus faz novas todas as coisas!

VIII. Das causas às correlações: uma nova etapa das relações entre tecnociências e teologia

"A fé e a razão são como duas asas que permitem ao espírito humano se elevar em direção à contemplação da verdade"[10], diz João Paulo II. O ser humano de ciência é impulsionado, qualquer que seja sua disciplina, pela exigência com a verdade. "A ciência pura é um bem, digno de ser amado, porque ela é um conhecimento e, portanto, uma perfeição do ser humano em sua inteligência."[11] Ela se define por suas relações com a verdade. Toda ciência busca alcançar a verdade no domínio que lhe é própria.

A relação com o real, com a verdade (científica e teológica), a articulação entre ação de causa primeira e das quatro causas de Aristóteles têm sido objeto de estudos para as relações entre ciências e fé, principalmente na articulação entre Evolução e Criação. Essa articulação é a oportunidade para pôr em evidência que a ideia de Criação em teologia integra a ideia de causa primeira, mas vai além, por meio do Deus criador da Bíblia (articulação ciência – metafísica – teologia). Tal aproximação evita muitas confusões passadas e, às vezes, ainda presentes em nossa sociedade (como a questão "Deus ou acaso"?). Ela enriquece o diálogo "ciência e

[10] Encíclica *Foi et raison*, setembro de 1998.

[11] João Paulo, discurso, 10 de novembro de 1979.

fé", ao distinguir os campos, para melhor as articular. O progresso desse diálogo são um verdadeiro serviço feito à sociedade diante da questão do sentido. Os trabalhos dos teólogos, depois de um século nesse domínio, merecem ser mais divulgados e conhecidos.

Observamos também que o papa João Paulo II, em diálogo com os cientistas da Academia Pontifícia de Ciência, tinha compreendido bem que a questão da complexidade em ciência abria novos horizontes para o diálogo entre cientistas e teólogos[12].

Todavia caminhamos, cada vez mais, com as tecnociências digitais, em busca das causas em correlações que não se baseiam sem equações matemáticas dos fenômenos subjacentes, como indicado no final da segunda parte. Pode-se dizer então que a digitalização substitui a matematização. Privilegiamos, nesse caso, o que está mais em um contexto tecnoeconômico forte, a predição e a ação/modelagem sobre o conhecimento das causas diante da complexidade. Abre-se, então, outra maneira de pensar a relação "tecnociências e teologia" que deve ser aprofundada. Perspectivas, nesse sentido, serão apresentadas mais adiante.

[12] Ver sua alocução para o colóquio *The Emergence of Complexity*, organizada pela Academia Pontifícia, de 27 a 31 de outubro de 31 de outubro de 1992, site internet dessa academia.

2
CIÊNCIA, ÉTICA E FÉ

I. Ética, moral e espiritualidade para hoje

A partir da palavra "moral", diferentes expressões se instalaram na linguagem popular, trazendo significações essencialmente pejorativas: "moralizante", "moralizador", "moralizar"... *Moral* vem do latim *moris*, "costumes", enquanto que ética vem do grego *ethos*, "costumes" igualmente. É então *a priori*, a mesma coisa, mesmo que a história da linguagem tenha disposto de outro modo. Xavier Thévenot, moralista que trabalhou muito tempo sobre a homossexualidade masculina, falava mais de moral, mas sem fazer diferença entre as duas; Paul Ricoeur fala de ética. Hoje se distinguem mais no mundo secularizado.

Os fundamentos da ética são encontrados na filosofia moral com um componente da teologia moral para os cristãos. É preciso distinguir entre as duas. Quem não pertence a nenhuma religião vai levar em consideração a filosofia moral. Isso leva a uma visão agnóstica da ética, como a visão habermasiana. Trata-se então de uma ética contextual trazida por um agir comunicacional que garante igual dignidade nas relações e a inclusão dos públicos interessados na questão ética. A partir de elementos concretos, os grupos querem ir em busca do bem comum na diversidade de posições das pessoas. Isso supõe que cada um seja capaz de entrar na lógica do outro que pensa diferente dele, não para aderir a ela, mas para compreender sua convicção e, ao mesmo tempo, esclarecer e enriquecer a sua.

Se eu puder respeitar o outro que pensa diferente de mim e se ele fizer o mesmo, talvez caminhemos em direção ao bem comum. André Comte-Sponville e Luc Ferry buscam uma espiritualidade laica nesse diálogo fecundo, sempre reinventado. Identificam as virtudes agindo nesses diálogos, e as definem como uma espiritualidade laica imanente. De qualquer modo, uma transcendência na imanência. Para Paul Ricoeur, a ética é o próprio movimento da liberdade que busca uma vida boa na solicitude para com os outros e no uso justo das instituições sociais. A liberdade coletivamente viável na paz é a escolha primeira que é visada.

No olhar cristão, o objetivo da liberdade precede as interdições. Nas dez palavras ou, para os cristãos, os dez mandamentos, o primeiro não é nenhum interdito, mas apelo à liberdade: "Eu sou o Senhor teu Deus que te fiz sair do Egito".

Hoje, a moralidade está em segundo lugar, limitada com relação à visão ética, ela é exigida por causa da violência que ameaça constantemente a pessoa humana. Se não há normas nem leis; a violência domina, pois a violência faz parte de condição humana. Estabelecidos os interditos (de acordo com certas regras comunitárias), tornam-se necessárias normas proclamadas de comportamentos dignos do ser humano.

Contudo tem-se necessidade das duas: moral e ética. A moral é mais do lado da norma e da lei. O mandamento de amar põe um limite, um lembrete. Por outro lado, não se obriga a amar, a norma não é suficiente. A vontade ética pode me ajudar nisso; mas por mais que me esforce para amar tal pessoa, não consigo; posso pedir a uma fonte para me ajudar. A vontade pode me colocar a serviço dessa fonte. O amor me vem de uma fonte que se abre a mim quando lhe peço, isso é da ordem da espiritualidade.

No amor, há três dimensões: *eros*, *philia* (amizade) e *ágape*. Platão havia acrescentado *storgê*, o amor da família. Elas são a fonte para viver atos éticos. André Comte-Sponville, ateu, pratica a ética das virtudes (entre essas virtudes, está a tolerância). Se eu chego a viver essas virtudes com vontade, para que serve ser? Sou tolerante com aqueles que pensam como eu; mas, para acolher alguém que pensa o contrário de mim, eu necessito de uma fonte em mim que me faça ir além de meu próprio sentimento e mesmo minha própria vontade. "Tu amarás teus inimigos."

No fundo, há três interditos fundamentais na ética: a mentira, o incesto (físico, e também moral quando se invade a pessoa contra sua vontade, quando se entra em seu jardim secreto, pisa-se nele), e o assassinato.

II. As bases da relação do direito e da ética segundo a visão cristã de hoje

Para bem fundamentar esse assunto, é preciso distinguir três dimensões:

– A dimensão singular da pessoa que manifesta uma necessidade, em seu contexto específico, em sua história pessoal única, no que acredita etc. Escuta-se o que diz essa pessoa em seus argumentos para encontrar os meios de responder ao que está perguntando.

– A dimensão particular onde as normas culturais e lei, ética e direito terão de se encontrar. Em termos de normas culturais, os esquimós, por exemplo, levam seus pais idosos para banquisa no final de sua vida. A vida individual não tem o mesmo peso cultural em todos os lugares. Essa dimensão particular evolui, como toda lei e pessoa em sua singularidade. Morrer aos 50 anos era normal, hoje os meios médicos têm prolongado consideravelmente a vida.

– A dimensão universal por meio dos grandes princípios do bem comum que presidem aos direitos do ser humano, por exemplo, como "Não matarás" ou "Os seres humanos nascem iguais em direito...". Mas os direitos do hoje são achincalhados todos os dias e as referências universais relativizadas.

Para o cristão, o julgamento ético deve levar ao diálogo com essas três dimensões. Isso permite a intercompreensão, entrar nos argumentos que não são imediatos. Se não coloco em diálogo essas três dimensões, e se privilégio uma, corro três riscos.

– Ao idealizar ao máximo a atenção ao desejo da pessoa, arrisco de me afundar em um individualismo que ignora o interesse comum.

– Ao me abrigar ao extremo atrás da lei, posso me tornar tão legalista que ignoro situações particulares e me torno “desumano” (fazer o mal pelo bem). E, ao tomar consciência disso, apenas peço à lei para especificar suas normas e acabar em uma camisa de força jurídica cada vez mais inadequada às situações complexas, porque a complexidade é irredutível à fixação.

– Ao ideologizar uma representação dos valores cristãos, posso me tornar um cristão desconectado da benevolência necessária. O filme de Olivier Nakache e Éric Toledano Hors normes ilustra perfeitamente esse tríptico de escolha ética em situação de urgência.

Mas em todos os casos esse diálogo sincero consigo mesmo é exigente e deve nos pôr sempre em alerta sobre o uso absoluto de uma das dimensões para facilitar o que queremos, o bem-estar próprio. É uma forma de se enganar.

Ilustração concreta sobre a situação vivida por um amigo no discernimento das três dimensões

Esse amigo era um físico, cristão engajado, diretor de um laboratório de física fundamental. Nos anos 1970, recebeu oferta de um contrato em área nuclear militar, bem financiado. Como ele fez seu discernimento diante da proposta recebida e que levaria a aumentar a eficiência da energia nuclear militar?

– Dimensão singular

Ele era jovem pesquisador e diretor de um laboratório francês, pago pelo governo francês. Se tivesse se apegado à ética de convicção, teria dito um não categórico. Mas ele não estava sozinho, cem pessoas trabalhavam ali (ética de responsabilidade).

– Dimensão particular

Podia ele guardar para si essa proposta que era feita ao laboratório sem falar com os outros? Ele pergunta aos membros do laboratório: são 50% a favor, 50% contra. E dizem: depende de você decidir. Sua decisão teria sido pelo não.

– Dimensão universal

A pesquisa era cientificamente interessante. Ela daria também trabalho estável, durante dez anos, a muitas pessoas.

Uma troca de telefonema com o patrocinador acontece. O amigo lhe comunica para indicar outro laboratório capaz de responder positivamente (sua reação é que seria pouco honroso de sua parte). O patrocinador diz então: "Eu respeito o que tu dizes, mas desejaria me encontrar contigo para te falar sobre o conjunto do projeto. Trata-se de aviões militares que transportam bombas de impactos tecnológicos consideráveis para a aviação civil na competição comercial com os Estados Unidos". Dizer não a isso é dizer não à competitividade da França em um setor criador de empregos. Ele também é contratado pelo Estado. Então, após rediscussões no laboratório, com 55% de votos a favor, ele disse sim. E trabalharam por dez anos. Os pesquisadores do laboratório sabiam que ele era contra.

Outra ilustração: as questões éticas sobre CRISPR

No nível ético, modificar uma célula humana somática pelo CRISPR não coloca problemas maiores. Desde que sua utilização seja cientificamente validada, a relação benefício-risco (principalmente em efeitos não desejados) for positiva e a pessoa em causa tenha podido dar um consentimento esclarecido.

Não é o mesmo com as células germinais humanas pelas quais as modificações evoluiriam na pessoa e foram transmitidas a sua descendência. A situação é, pois, complexa. Isso não somente em termos de irreversibilidade de transmissão, mas também em termos de modificações futuras pelos fatores epigenéticos. Com efeito, esses últimos levam em consideração os efeitos de interação entre gens e outros fatores do ambiente biológico e psíquico.

Assim, a atual lei de bioética na França indica a proibição de implante de um embrião humano modificado geneticamente pela CRISPR, por exemplo, mesmo que a pesquisa sobre os embriões transgênicos não implantáveis faça parte do debate parlamentar. O nascimento, em 2018, de gêmeos chineses, cujos embriões tinham sido modificados, levantou uma grande indignação, acentuando como o ser humano pode brincar de aprendiz de feiticeiro, principalmente com técnicas não ainda seguras para o humano.

Além disso, sob a égide do Conselho da Europa, a convenção de Oviedo, aberta para assinatura desde 1997 e ratificada até hoje por 29 países, dos quais, a França (mas não pelo Reino Unido, os Estados Unidos e a China) estipula em seu artigo 13° que uma "intervenção tendo por objeto modificar o genoma humano apenas pode ser empreendida por razões preventivas, diagnósticas ou terapeutas, e somente se não tem por finalidade introduzir uma modificação no genoma da descendência". Ela é o único instrumento jurídico a constranger, em âmbito internacional, pela proteção dos direitos do ser humano no domínio biomédico. Pode-se perguntar se isso é suficiente hoje!

III. A Aliança e a renovação do pensamento social cristão

Para o cristão, o ponto de referência da prática pessoal da ética é a consciência profunda do humano, sua consciência "esclarecida" pela Palavra de Deus lida em comunidade eclesial. É, antes de tudo, a Palavra que convida a discernir e não apenas o sentido do dever ou o direito. Assim, o respeito das consciências é primordial, com um reconhecimento da autonomia ética inscrita no coração de toda pessoa humana. O Concílio Vaticano II coloca isso na constituição *Gaudium et Spes* (n. 16):

"§1. No fundo de seu coração, o ser humano descobre a presença de uma lei que não foi dada por ele mesmo, mas qual tem de obedecer. Essa voz, que não cessa de instar a amar e a realizar o bem e evitar o mal, em momento oportuno ressoa no íntimo de seu coração; "Faça isso, evite aquilo"; porque é uma lei inscrita por Deus no coração do ser humano; sua dignidade é de lhe obedecer, e é ela que o julgará.
§ 2. A consciência é o centro mais secreto do ser humano, o santuário onde ele está só com Deus e onde sua voz se faz entender.
§ 3. É de um modo admirável que se abre à consciência essa lei que se realiza no amor a Deus e ao próximo.
§ 4. Por fidelidade à consciência, os cristãos, unidos às outras pessoas, devem buscar conjuntamente a verdade e as soluções justas de tantos problemas morais que agitam tanto a vida privada como a vida social. Quanto mais a consciência reta prevalece, tanto mais as pessoas e os grupos sociais se afastam de uma decisão cega e tendem a se conformar às normas objetivas da moralidade".
A dignidade da pessoa está no centro da mensagem de Cristo, com "o Sermão da Montanha" (Mt 5,1–7,29) como fonte essencial: dignidade ontológica inalienável de toda pessoa, o pobre, aquele que tem fome, aquele que chora...

A condição de felicidade e da comunhão é fazer aos outros o que gostaríamos que os outros fizessem por nós. Aprender assim a cada instante a não responder à violência com violência, do "olho por olho, dente por dente" até o amor dos inimigos.

É sobre essa pedra fundadora da dignidade de todo ser humano, qualquer que seja sua história e sua vida, que é construída progressivamente aquilo que é chamado de ensinamento social da Igreja, desde o início do cristianismo poder-se-ia dizer. Na Igreja católica, depois do papa Leão XIII e a encíclica *Rerum Novarum* (1891) até o papa Francisco com

Laudato Si' (2015) e *Fratelli tutti* (2020), constitui-se um "compêndio" do pensamento social particularmente orientado para a ética social. Essa última inclui as grandes questões da sociedade, principalmente do desenvolvimento tecnoeconômico e de suas consequências sociais. As questões do trabalho humano, da ecologia integral e da fraternidade em tempo de globalização estão incluídas.

Sete grandes pontos a serviço do respeito à dignidade humana são, assim, postos em destaque:

– A busca do bem comum deve estar no centro de todo o desenvolvimento socioeconômico, levando a uma responsabilização por todos e por cada um quanto ao bem comum. Não se confunde com a busca do interesse geral porque se destina ao serviço de cada um e de todos.

– A destinação universal dos bens é chave: os bens da Criação devem equitativamente fluir entre todos, segundo a regra da justiça, inseparável da caridade.

– O princípio de subsidiariedade: no que diz respeito à ética da decisão e da responsabilidade, nenhum superior hierárquico deve tomar o lugar daquele que tem o encargo de responsabilidades a serem assumidas em seu nível de competência.

– A participação de cada um na vida democrática deve ser garantida: a igual dignidade de todos permite a cada um "trazer seu tijolo" para a construção da sociedade.

– Solidariedade e solicitude com o mais frágil devem ser o coração do projeto societário. A opção preferencial para com os pobres é sublinhada em nome da justiça e da solidariedade.

– A busca da verdade, da liberdade e da justiça como valores fundamentais da vida social e política é de se privilegiar.

– Caridade: "Amarás o teu próximo como a ti mesmo" deve constituir um ideal individual e coletivo que leve a vida social para além de seus condicionamentos.

Retomaremos esses grandes princípios como ponto de referência para o discernimento ético das tecnociências digitalizadas na última parte desta obra.

3 UM OLHAR CRISTÃO SOBRE OS NOVOS DESAFIOS DA REVOLUÇÃO DIGITAL

I. Do olhar epistemológico ao olhar cristão

Transição: Parábola do algoritmo bioinspirado

Era uma vez... um programador de sistemas genial, um daqueles que sabem construir algoritmos para processar sistemas complexos... sistemas para os quais seu melhor amigo, biólogo, sozinho não era então capaz de prever a evolução. Ele, nosso programador, sabia fazer cálculos incríveis e, como era apaixonado por sua arte, buscava sempre encontrar novos truques de cálculo.

Ao ouvir, um dia, seu amigo biólogo falar de bactérias que tinham podido atravessar milhões de anos de evolução em ambientes muito hostis, contrariamente a muitas outras espécies que desapareceram, ele se perguntou qual seria o segredo delas. Como é que esses pequenos seres vivos, incapazes de consciência e aparentemente bem indigentes, fossem tão hábeis para se perpetuar e atravessar tantos obstáculos? Era sua pergunta.

Conquistado pelas observações das bactérias e pela estranha capacidade de adaptação delas, decide copiar seu modo de se adaptar para criar novos algoritmos, baseados nos processos do ser vivo. E esses novos algoritmos, que ele chama de "bioinspirados" lhe valeram o grande prêmio de informática mundial do ano! Os algoritmos bioinspirados provaram ser muito eficientes ao processar imensas quantidades de dados que seu computador tinha que classificar para fornecer estatísticas da evolução de sistemas complexos que os próprios matemáticos não podiam obter sem ele.

Na entrega do grande prêmio, o mestre da sessão elogia a engenhosidade e o gênio de nosso programador e evoca a sabedoria da natureza, a das bactérias e de muitos outros seres vivos. Acrescenta que, nestes tempos de crise ecológica, estávamos mais que nunca sendo convidados a dar atenção à natureza e a nos inspirar nela para descobrir uma sabedoria de vida que nos parece faltar. Todos aplaudiram essa bela lição de ecologia que dava tão bons resultados.

Observar a natureza para tentar fazer igualmente bem, certo! "Mas por que não fazer melhor", diz nosso genial programador, que havia guardado as lições de seu amigo biologista, sobre o tempo que a natureza levava para evoluir, corrigindo a partir de tentativas e erros. "Eu também procedo por tentativas e erros com meu computador e seus programas de execução dos dados maciços *via* inteligência artificial, mas bem mais rápido."

Mas o biologista replicou: Fazer melhor e mais rápido é possível, mas pode-se assim "ganhar tempo"? E acrescenta que respeitar a natureza era também respeitar seu tempo de evolução. O programador pensa ironicamente: "Não vá querer esperar milhares de anos para obter resultados". E o amigo biologista diz: "Então não continue a me dizer que a natureza e sua inteligência o inspiram".

A esposa do programador, artista plástica, escutava com interesse a conversa deles, pois ela mesma gostava de se inspirar na natureza para pintar. E manifestou uma agradável surpresa em ver seu marido, quase sempre ligado a seu computador, pôr-se também a admirar a natureza como fonte de inspiração. E achou que essa fonte comum de inspiração poderia aproximá-los.

E replicou a seu marido sobre isso: "Você percebe bem que contemplar a natureza é muito mais proveitoso que se tornar mestre para fazer dela não importa o quê"! Mas o marido programador respondeu "Tudo bem contemplar, mas principalmente se adaptar ou morrer. Esse é o grito da natureza"! E acrescenta: "Para nós com as ciências e as técnicas, o mais importante para viver melhor é fazer de tudo para que isso aconteça, copiando a natureza no que ela vence."

Essa resposta provocou sua esposa, que replicou: "Você vê bem que a natureza é bela e inspiradora, mas se esquece que nela reina também a violência, uma luta sem misericórdia para sobreviver"? "Sim, responde ele, Darwin nos ensinou essa luta pela vida por meio da seleção natural. E mesmo que haja, às vezes, cooperação entre os seres vivos, é, antes de tudo, para sobreviver diante dos perigos! É a mesma coisa para nós humanos"!

"Somos feitos apenas para sobreviver"? Suspirou a esposa.

Houve então um grande silêncio, como se o tempo tivesse se congelado nessa imagem do sobrevivente. Após longos minutos sem palavra, ela se levantou, dizendo humildemente: "Entre sobreviver e viver, que diferença, e qual caminho! Seu computador nunca vai percorrer esse caminho em nosso lugar".

Moral da história: Ouve-se dizer que a mulher é o futuro do ser humano. E é talvez a sorte de nosso amigo programador.

Ele queria se inspirar no funcionamento da natureza que sabe, muitas vezes, adaptar-se tão bem às difíceis situações, mas nem sempre, principalmente quando o ser humano se intromete. A boa ideia é conceber novos algoritmos bioinspirados como fruto de uma contemplação e de uma análise dos seres vivos que, muitas vezes, nos maravilham! E há, sem dúvida, muitas outras lições de vida dos vegetais e dos animais que nós jamais vamos parar de descobrir.

Percebemos, portanto, que o programador não retém tudo dessa contemplação, da história dos seres vivos. Ele mantém a natureza como modelo até certo ponto, uma vez que seu algoritmo tentará copiar a sabedoria de adaptação do ser vivo por longos períodos de tempo por meio de uma aceleração maior do tempo de cálculo.

A sabedoria, que esse biomimetismo capta, é a da sobrevivência, como exprimiu tão bem sua esposa. Quando o programador vai aplicar/ utilizar seu algoritmo bioinspirado para a análise estatística da evolução, por exemplo, de ecossistemas humanos, vai aplicar uma sabedoria natural baseada no instinto de sobrevivência. A sobrevivência é, de fato, um elemento, muitas vezes o primeiro das reações do ser humano à situação de confrontação a um ambiente instável e incerto. E é interessante tirar proveito disso. Mas seria suficiente para cuidar da evolução de um ecossistema humano e até mesmo de todo ser vivo? O ser humano é feito simplesmente para a sobrevivência, como se pergunta tão bem a esposa pintora?

Da sobrevivência à vida se verifica justamente todo o trajeto do crescimento humano, toda passagem da hominização à humanização, passagem essencial na aventura humana desde sempre. Como então sistemas gerenciados pelos algoritmos (mesmo bioinspirados) poderão nos propor evoluções que nos humanizem?

II. A ética do conhecimento interrogada pela impressionante ascensão da civilização algorítmica

Ganho de previsão e perda de compreensão em relação ao real

Não se trata aqui de negar o interesse por uma aproximação do real. Trata-se mais, no caso dos sistemas comandados pelo digital, de mostrar limites e perigos se eles "se fazem por si mesmos" sem outra alteridade.

Quando o "isso funciona" se sobrepõe ao "como isso funciona"? Quando o *digital condutor* (*drive*) se sobrepõe ao *digital assistente* (*assistent*), é a relação com a real e a verdade científica que é transformada. Certamente, essa relação com o real é hoje fruto de uma construção para o cientista, sendo justamente o real "o que resiste a nossas representações e construções". O real está sempre além delas. É a razão de se falar de verdade provisória em ciência. A seu modo, o cientista entra assim no mistério do saber, reconhecendo sua invencível incompletude diante da complexidade do real a qual pertence. De onde nasce um possível sentimento de humildade, antídoto à onipotência (nem sempre suficiente, mas sempre forte).

Quando se digitaliza o real do científico, e ele aparece sob a forma de um modelo estatístico, torna-se, sem dúvida, mais eficiente a precisão de suas evoluções possíveis. Algoritmos, programas e softwares "gerenciam" essa evolução estatística abrindo, como nunca, "o jogo das possibilidades". E essa é uma contribuição inegável que, por sua vez, pode alimentar as hipóteses dos modelos físicos, biológicos, sociológicos e linguísticos clássicos.

O real é o que, cada vez menos, resiste. De fato, não temos mais a possibilidade de testá-lo diretamente, exceto testando os modelos estatísticos, melhorados sempre mais pelo poder de cálculo dos algoritmos e do processamento de dados. De qualquer modo, deixamos o real, que resiste as nossas experiências, para trabalhar com possíveis estatísticas, que estão cada vez mais se aperfeiçoando, mas que não podemos testar diretamente.

Prever lhe interessa mais que conhecer e testar. Com as tecnociências digitais, "fazer sem compreender o como" tem precedência sobre "compreender o como fazer". Esse abandono do "como isso funciona" leva a uma nova visão do real, mais virtual e cujo horizonte é essencialmente estatístico. Assim, com os progressos crescentes do digital e sua quase-onipotência, a incompletude do cientista diante do real dá lugar a uma capacidade digital estimada, quase ilimitada. Essa imagina para nós um real mais virtual ao qual nada parece resistir, pois não temos hoje capacidade de compreender verdadeiramente o real sem o testar por meio de algum experimento crítico.

A incompletude do cientista se desfaz, e com ela o sentido do mistério do conhecer. A onipotência digital está se tornando um motor que afeta tudo e pode reduzir a realidade a um ou mais sistemas gerenciados por algoritmos. Esse é o triunfo da sistêmica!

O que acontece com o ser humano nesses sistemas? Um ator, e também um tema ou um objeto, um dia talvez menos importante que as máquinas. É claro, o ser humano é quem pensa hoje esses sistemas, mas amanhã serão talvez as próprias máquinas que o farão. Tudo é ultrapassado por essa sistêmica que parece incontrolável e no qual as novas máquinas digitais decidem por nós, e já estão em muitas áreas.

Além disso, no interior dos sistemas existem componentes cuja especificidade sistêmica é relativamente negada. Fora deles, outras entidades formam um conjunto, cuja especificidade é relativamente também negada. Assim, de um lado os mais vulneráveis, e de outro a maioria dos seres humanos, não têm poder algum sobre esses sistemas, tanto que nossas democracias estão assediadas por essa sistêmica. Os GAFA [Google, Amazon, Facebook, Apple] e outros já têm muito e cada vez mais poder.

A perda de sentido da incompletude, aliada à famosa vergonha prometeica, muda as perspectivas do humano. Ele pode sonhar novamente com a possibilidade de ser senhor e dominador do mundo por meio da formatação digital (*design*), com o paradoxo de que para isso ele precisa ceder poder às máquinas. Hoje, o humano é quase obrigado a entrar nesse mundo digital do qual ele conhece quase nada, mas deve utilizar para viver em sociedade. Quanto mais os algoritmos e os sistemas regerem a vida em sociedade, tanto mais o humano deverá se conformar à sistêmica, mesmo que isso signifique perder sua liberdade. Embora a técnica tenha, inicialmente, sido concebida como libertadora (sem esquecer que isso ela em parte continua sempre sendo), ela risca de se tornar uma verdadeira "passagem obrigatória", uma "matriz", para retomar o tema do célebre filme *Matrix*! A perda do sentido de incompletude fará a maioria de nós entrar na nova servidão, a dos sistemas estatísticos?

Mas como ocorre muitas vezes na sistêmica, grãos de areia vêm emperrar a máquina! A crise ecológica é um deles. Diante desse desafio maior, em que a sobrevivência do planeta está em jogo, surge, talvez, uma ocasião para renovar nosso sentido de progresso, inclusive por um uso reorientado do digital nas ciências e tecnociências? Ocasião para renovar nossa ética social, entrando no diálogo ecológico e juntos buscando algo em vista do bem comum?

Nossa nova relação com a verdade

Existe uma ligação direta entre nossa relação com a realidade e nossa relação com a verdade. Trabalhar as correlações e não as causas, e assim privilegiar o "prever para agir", em relação à verdade científica, não é algo neutro em termos de atitude e de liberdade.

Preocupação com a verdade e a liberdade são essenciais para a razão. São essenciais também para a fé. Trata-se precisamente de articular verdade científica e verdade de fé, sem misturar essas duas áreas, mas dando-se conta, pela razão, da inteligência de sua articulação.

Se a razão, que compreende e se dá conta dos fenômenos, for ocultada pelo cálculo, que procura prever sem verdadeiramente compreender os fenômenos, algo na tentativa humana de busca da liberdade em relação à realidade fica afetado. A preocupação com a verdade, a disponibilidade do real e de sua inteligibilidade, aliada a uma forma de generosidade e de gratuidade, constitui o valor essencial na busca científica (ética do conhecimento).

Por meio da busca da verdade, em meio a uma diversidade de pensar e de enfoques, está em jogo uma pesquisa sobre a harmonia das coisas e sua organização.

De certo modo, o ser humano dialoga com a verdade, confrontando-se com o real e encontrando resistência em relação a sua capacidade de compreender. Uma resistência que estará sempre presente porque o real permanece na ordem do mistério, mesmo que sua inteligibilidade seja cada vez mais importante. Nessa confrontação, o ser humano recua em relação ao real, em relação a si mesmo. E a luz da inteligibilidade aparece nesse espaço. O ser humano mede seus limites de aproximação ao real, ultrapassa alguns, mas sem jamais pensar que um "sem limite" possa existir nessa busca de verdade. Nessa busca sem-fim, o poder digital o ajuda, mas não o comanda.

A atividade científica é como uma reconstrução da realidade pelo ser humano e que não deseja submeter-se a ela. Ele se sujeita a uma exigente tarefa de verdade para construir uma ordem racional do mundo e para alcançar uma luz de compreensão do real que, contudo, sempre lhe escapa. No confronto com o real está em jogo algo da libertação do espírito do ser humano que deve superar suas ilusões sobre a realidade, às vezes os limites de seus sentidos, de suas imagens imprecisas e de falsas percepções imediatas. Em linguagem de hoje, escapar de desvios.

Aí está em jogo algo da liberdade do ser humano, dele que está polarizado por uma exigência de razão e por uma necessidade de luz. Descobrem-se aqui numerosos valores subjacentes ao processo científico: a aceitação de um real que resiste sempre um pouco a nossas representações; o fato de pensar o real coerente e inteligível (que corresponde a uma forma de recusa da incoerência, da anarquia e da violência); a aceitação de uma forma de incompletude intransponível que, todavia, abre espaço de descobertas; o reconhecimento dos limites do conhecimento científico que permite também espaços de inventividade.

Portanto o conhecimento científico tem um requisito pessoal, um compromisso pessoal, um consentimento com a realidade como ela é, e não como gostaríamos que fosse. Pode-se ver aqui uma grande diferença com a necessidade de *formatar* a realidade a nossa imagem, de acordo com nossa vontade: são outros valores que são então implementados, indicando uma mudança de postura, ética do conhecimento.

Onde está a origem dessa vontade de compreender uma realidade coerente com rigor e desejo de exatidão crescentes? A complexidade do mundo não pode permanecer uma caixa preta para o ser humano, caso contrário tornar-se-ia muito inquietante. Mas não há outro fundamento para essa aspiração?

Essa busca infinita da verdade é já como o traço de uma forma de terceiro termo entre o ser humano e a realidade. O ser humano é como que chamado para uma verdade jamais alcançada definitivamente. Ela se situa sempre para lá do que o cientista pode dizer dela, se ele próprio goza de total honestidade (outro valor chave na ética do conhecimento científico).

O cientista, que quer conhecer, é como que magnetizado por uma exigência que o ultrapassa e com a qual se compromete. Essa magnetização é do tipo metafísico, vai além da própria ciência. Numerosos cientistas testemunham esse movimento contínuo do pensamento em direção a essa verdade incomensurável e irredutível a qualquer fórmula. Sua aproximação provoca luz e alegria ao ser humano em pesquisa.

Compreende-se a necessidade de prever para agir. Mas se isso se faz às custas do conhecer, surge algo como uma profunda insatisfação, trazendo *no mínimo* uma mudança de ética do conhecimento que não é sem consequências para a liberdade humana e o direcionamento da pesquisa científica.

Na fé cristã, a questão da verdade é também essencial, mesmo que ela não seja da mesma ordem que a verdade científica, porque na fé cristã a Verdade é uma Pessoa, o Cristo, que se doa e que, todavia, sempre nos escapa.

Nos conflitos históricos entre ciência e fé no Ocidente, verdades científicas provisórias puderam aparecer, em certas épocas, como pondo em dúvida verdades da fé. Como demonstramos, os progressos das ciências e de sua epistemologia de um lado, e a teologia da Criação e da exegese bíblica de outro, têm muitas vezes permitido ultrapassar esses conflitos para aprofundar cada tipo de verdade e as situar em seu domínio. Isso tem permitido articulá-las: uma longa e apaixonante obra de verdade, sem concordismos nem discordismos. Mesmo se esse trabalho é, às vezes, duro e não termine porque volta sempre, o diálogo entre ciência e fé tem se situado até aqui em um sentido de uma busca pela verdade e suas consequências na ética prática.

Se o valor central das tecnociências comandadas pelo digital às custas do conhecer se torna um "prever para fazer", então se introduz um novo entendimento com respeito à verdade e à liberdade. Isso desloca em parte o diálogo entre ciências, tecnociências e fé para outro terreno a ser explorado.

Para resumir, coloca-se aqui a questão da nova relação com o real e o verdadeiro (ética do conhecimento), com uma tendência a querer construir tudo. O real é não somente reconstruído por uma representação, mas também por uma ação técnica. Como indicado, a busca da verdade foi deslocada em proveito do predicativo para agir, *via* algorítmica e seu tipo de objetividade (ver estudo detalhado em outro lugar), do programar e do fazer segundo nossa vontade e nossos desejos. Vamos nos emancipar da matemática e da experiência crítica? Com uma relação totalmente nova com a verdade científica a ser substituída gradativamente pela "previsão e simulação por máquina inteligente".

Coloca-se também a questão da nova relação com o tempo da simulação digital em relação ao tempo da natureza: os algoritmos bioinspirados são tomados como modelo porque são fruto de milhões de anos de experiência do ser vivo, capaz de se adaptar às transformações do ambiente por tentativa e erro. O biomimetismo é aqui aplaudido, mas o objetivo é acelerar muito mais o tempo do ser vivo para *programar* uma nova natureza. Pode-se assim libertar-se do tempo e o que significam essa "aceleração do tempo e esse senso de imediatez"?

III. Levar a sério o ser humano cocriador segundo a Bíblia

Evocamos anteriormente a visão do ser humano cocriador, querido por Deus, que lhe confia a responsabilidade de conduzir o mundo a sua completude, sob espírito da Aliança. Nossa postura de pesquisa quer levar a sério esse extraordinário dom de Deus à humanidade e a responsabilidade que a ela corresponde. A técnica pode se inscrever positivamente nessa perspectiva, se for utilizada no sentido de uma verdadeira humanização.

No primeiro capítulo do Gênesis (Gn 1,28): "Deus os abençoa e Deus lhes diz: sejais fecundos, multiplicai-vos, enchei a terra e dominai-a". Trata-se, de fato, de submeter e de dominar a terra, mas a primeira palavra é "Sejais fecundos", o que quer dizer "dominai e submetei-vos em vista de uma fecundidade de criatura à imagem de Deus". A fecundidade aqui é mais ampla do que a procriação. A humanidade terá de aprender a submeter e a dominar a terra para ser fecunda, notadamente face à violência ameaçadora. É essa última que é para ser dominada no ser humano a fim de que todo o seu poder seja orientado para a fecundidade da terra na perspectiva da Aliança. Perspectiva pertinente diante do hiperpoder tecnocientífico!

Na sequência do livro do Gênesis (Gn 2,15), pode-se ler: "O Senhor Deus tomou o ser humano e o estabeleceu no jardim do Éden para cultivar a terra e guardá-la". O trabalho de cultivar é, de fato, "um serviço à terra" e não sua exploração. Quando se olha o termo "trabalho" Gn 4,11.12, justamente após a morte de Abel e quando Deus pergunta a Cain: "Que fizeste a teu irmão"? Deus diz então a Cain: "Tu és agora amaldiçoado da terra, que abriu a boca para recolher de tua mão o sangue de teu irmão. Por muito que trabalhes a terra, ela não te dará mais sua força". Isso dá um toquc todo particular à grande temática que atravessa a Encíclica do papa Francisco *Laudato Si'*: unir no mesmo movimento "o grito da terra e o clamor dos pobres"! Há uma dupla responsabilidade do ser humano cocriador, uma responsabilidade técnica para cultivar respeitando a natureza dada por Deus ao ser humano. Mas que deve estar combinada a uma responsabilidade pela justiça social e fraternidade. É uma perspectiva igualmente relevante frente ao hiperpoder tecnocientífico!

Trata-se de ser fecundo guardando a Aliança por meio de "conservar a terra" enquanto a cultiva. Sem esquecer que os querubins guardam o acesso à árvore da vida (Gn 3,24), mas sem o impedir. Ali se encontra o campo da ética e da responsabilidade do ser humano cocriador convidado a respeitar profundamente o dom da vida. Por fim, lembremos que o Antigo Testamento chama a uma reconciliação do ser humano com a Criação por meio dos tempos messiânicos de que fala Isaías (11,6-9). "O lobo habitará com o cordeiro"... Algo bem diferente do ser humano que se toma proprietário da Criação e a domina a seu modo, como um "predador"!

Basílio de Cesareia (329-379) dizia que o ser humano podia "penetrar no ateliê da criação divina" e que tinha também acesso ao *logos entekhnos*, isto é, à razão "industriosa" de Deus[13]. Pensamos que essa audaciosa visão corresponde bem ao sentido bíblico da Criação e do papel do ser humano, assim como o "risco" que Deus assume! Esse extraordinário caminho de completude proposto pelo Deus da Aliança à humanidade é também o da responsabilidade. Se o ser humano quer viver sua condição de cocriador, segundo a Aliança com Deus, deverá fazer escolhas correspondentes.

Em sua encíclica *Caridade na Verdade* (*Caritas in Veritate*, 2009) n. 69-70, o papa Bento XVI escreve: "a técnica insere-se no mandato de 'cultivar e guardar a terra' (*Gn* 2,15) que Deus confiou ao ser humano, e há de ser orientada para reforçar aquela aliança entre ser humano e ambiente em que se deve refletir o amor criador de Deus". E acrescenta: "O desenvolvimento tecnológico pode induzir à ideia de autossuficiência da própria técnica, quando o ser humano, interrogando-se apenas sobre o *como*, deixa de considerar os muitos *porquês* pelos quais é impelido a agir. Por isso, a técnica apresenta-se com uma fisionomia ambígua. Nascida da criatividade humana como instrumento da liberdade da pessoa, pode ser entendida como elemento de liberdade absoluta; aquela liberdade que quer prescindir dos limites que as coisas trazem consigo". O risco é, então,

[13] Basile de Césarée, *Homélies sur l'Hexaéméron*, Paris, Le Cerf, coll. Sources chrétiennes, 1950, p. 49.

confundir a verdade com o possível e o realizável. O verdadeiro desenvolvimento não está, primordialmente, centrado no "fazer" tendo como os únicos critérios a eficácia e a utilidade. É preciso, pois, uma inteligência que compreenda o sentido plenamente humano do "fazer" e de suas condições.

"Cultivar" quer dizer que esta terra está inacabada, que existe o inacabado. E Deus conta com o ser humano para, com Ele, aperfeiçoar a Criação, para completá-la. É um trabalho de responsabilidade, inclusive fazendo uso das ciências e tecnologias. O ser humano é engenhoso, e deve se perguntar sempre com qual finalidade e para qual aliança vai utilizar sua genialidade. Se o ser humano está bem no centro (não geográfico) da Criação na Bíblia, não há de se tomar por "centro do mundo": trata-se de ser "fiel administrador" do dom de Deus, a natureza e a vida.

E, por fim, não esqueçamos o sentido do *sabbat*: na Bíblia há também o dado de que não se cultive a terra o tempo todo; deixa-se também o jardim descansar e dá-se graças ao Criador! Pertinente provocação diante da impaciência do ser humano, em *arquitetar* o futuro em uma espécie de "aceleração do tempo"[14].

IV. Tecnociências digitais e teologia da Criação

Como já analisamos, as tecnociências digitais privilegiam o "prever para fazer e *modelar (designer)*" ao "conhecer para fazer".

Assim, em janeiro de 2020, o físico francês Jean-Marc Lévy-Leblond, em uma conferência intitulada: *A tecnociência sufocará a ciência? La technoscience étouffera-t-elle la Science?*, respondeu: "Provavelmente sim e a hipótese que vou lhes submeter– formulo de propósito de um modo mais contundente para podermos falar depois – é que estamos no fim de algo, no fim da ciência, pelo menos de uma ciência que conhecemos por gerações aqui representadas, mas também há uns três

[14] Hartmut Rosa, *Accélération. Une critique sociale du temps*, La Découverte, 2010.

ou quatro séculos". E acrescentou: "Encontramo-nos em uma configuração bastante estranha: embora sob certos aspectos estejamos na vanguarda dos desenvolvimentos técnicos, que podem parecer ligados à ciência mais fundamental, eu diria no entanto que provavelmente estamos nos reconectando com um arcaico tipo de situação, muito mais próxima da situação anterior ao desenvolvimento da ciência moderna, quando artesãos e engenheiros conseguiam muito bem fazer moinhos de água, carroças ou o que fosse, sem conhecer a mecânica, sem conhecer as leis fundamentais da física, sem conhecer ciência teórica de fundo"[15].

Esse comentário, certamente rigoroso, provoca-nos a ressituar a relação entre "tecnociências e teologia" não pelo lado da articulação de diferentes verdades, mas mais no campo do futuro da Criação e "do jogo de possibilidades" em que as tecnociências têm um consequente poder de ação.

Retomemos a pesquisa de François Euvé, mencionada no primeiro capítulo, com seu livro *Pensar a criação como um jogo*[16]. Vimos como a metáfora do jogo deu espaço de liberdade ao vir a ser da Criação ligada à autonomia dos atores (Deus, o ser humano e o cosmos em relação). Dissemos que a ciência se introduziu nessa relação *via* esclarecimento das regras do jogo. Pense-se também na noção científica da auto-organização do ser vivo, por exemplo, com um Deus que "cria" as possibilidades que a natureza pode realizar. O ser humano cocriador "prolonga a ação criadora", como diz o Concílio Vaticano II (Gaudium et Spes 34/2). O ser humano recebe a todo momento o sopro criador por amor gratuito, em comunhão com Deus.

As tecnociências digitais modificam as regras do jogo das previsões, das possibilidades, como resultados de uma pesquisa digital de correlações e não de causas, e de um projeto técnico correspon-

[15] Jean-Marc Lévy-Leblond, conférence janvier 2020, *Mission Agrobiosciences*, conseil régional Midi-Pyrénées, site internet.

[16] François Euvé, Penser la création comme jeu, op. cit.

dente. Assim é com NBIC. Por um lado, as tecnociências convergentes reduzem o ser vivo a suas funções; por outro, *via* modelagem digital algorítmica, eles os *modelam* introduzindo um novo reducionismo. Numerosos exemplos mostram que essa visão de um ser vivo assim *modelado* pode induzir atuações funcionais aumentadas, mas ao custo de uma forte redução da complexidade de um ser vivo natural, com acasos e riscos. Com efeito, como vimos, a sigla NBIC é substituída pela BANG (bits de informação, átomo, neurônio e gene), em vista de aumentar os desempenhos do ser vivente, humano em particular. Não são mais apenas as leis da natureza que são então consideradas na relação tecnociências e teologia da Criação, mas as leis de uma natureza reconfigurada em parte pelo ser humano ("naturficiel"). A perda de complexidade limita o jogo das possibilidades (é justamente um objetivo da modelagem), por isso corre o risco de reduzir a capacidade da adaptação e da resiliência. Pode-se temer ao final um empobrecimento do ser vivo assim aumentado.

Mostramos, em outro lugar, que o ser vivo podia ser representado por uma complementariedade entre robustez e vulnerabilidade[17]. A robustez permite olhar a unicidade do ser vivo, a vulnerabilidade (aqui a capacidade do ser vivo a se deixar modificar internamente pelo ambiente como em epigenética), permitindo sua evolução. É essa aliança que permite a um ser vivo se adaptar a seu ambiente, *via* uma "plasticidade" que abre "possibilidades". Um ser vivo por demais fortalecido não pode mais se adaptar a tal mudança; um ser vivo muito vulnerável, desmorona. Ao direcionar decisivamente a modelagem desse ser vivente em uma direção privilegiada, o tecnocientífico pode obter certamente desempenhos funcionais aumentados, mas ao custo de enfraquecimento da capacidade de plasticidade e, portanto, de adaptação a longo prazo. O "jogo das possibilidades" é reduzido, assim como "a criatividade" dos sistemas.

[17] Thierry Magnin, *Penser l'humain au temps de l'homme augmenté. Face aux défis du transhumanisme*, Paris, Albin Michel, 2017, chapitre 5, p. 209-252.

A obsessão pelo desempenho técnico, atrelando a natureza ao querer do ser humano, que a considera como um "recurso" a ser reconfigurado segundo seus desejos, pode, de fato, "limitar o jogo das possibilidades" tão importante na visão de uma Criação em devir, confiada ao ser humano por Deus para dela cuidar no contexto da Aliança. Reencontra aqui uma ligação entre "Criação em devir" e questões éticas ligadas às escolhas tecnoeconômicas.

O ser humano cocriador possui com as tecnologias digitais um novo instrumento de planejamento que influencia o devir da natureza e o lugar do ser humano nessa natureza reconfigurada. Por que não? Poder-se-ia mesmo pensar que se o ser humano usa dos algoritmos bioinspirados para isso, ele reproduzirá "algo de natural" enquanto o controla. Contudo três problemas surgem.

O primeiro é a considerável aceleração dos processos de evolução *via* direcionamento digital da evolução dos sistemas, que é de outra ordem de grandeza diferente da evolução natural. Essa supõe a questão do tempo de adaptação. Como se sabe, não se programa o tempo de maturação criativa do ser humano, do artista pintor, por exemplo. É preciso sempre um tempo de maturação que não se programa como um relógio! O tempo da criatividade, do discernimento do ser humano cocriador, a liberdade na qual esse discernimento acontece em sociedade, são todos fatores incontornáveis para "se escolher livremente". Ora, essa escolha do ser humano está no coração do diálogo da aliança com Deus e o cosmos. Demanda o tempo da sabedoria, se assim se pode dizer, e não pode ser feita unicamente por força tecnoeconômica da eficiência técnica e financeira.

Do mesmo modo, os reducionismos inerentes a toda modelagem, físico-matemáticos ou digitais, devem ser suficientemente explicitados diante das escolhas a serem feitas e as aplicações visadas. Para que o jogo das possibilidades possa continuar a ser feito em modo de cocriação; é mais necessário que nunca, que nossos meios de domínio da natureza e do ser humano sejam passados pelo crivo da transparência ética e de uma leitura epistemológica precisa. O que não se verifica quando as mudanças visadas escapam de fato a nossas democracias e se concentram nas mãos de alguns poucos!

O segundo problema é a utilização dos algoritmos naturais pelas ciências humanas e sociais. Sem desprezar seu interesse de análise, não vamos esquecer que esses algoritmos tendem a imitar os mecanismos de sobrevivência do ser vivo no ambiente do biomimetismo. De fato, esses mecanismos podem garantir uma forma de "jogo das possibilidades", mas as possibilidades permanecem então na ordem da sobrevivência. O ser humano pode sobreviver momentaneamente, em período de tempestade (por exemplo durante a pandemia da Covid-19 e o período de confinamento). Mas o ser humano não foi feito para sobreviver, como já mostramos. E esse é todo o problema: para que o ser humano cresça em sua liberdade e "se torne verdadeiramente Ser humano", é preciso que ele transcenda esse instinto. A história da civilização e da cultura nô-lo mostra por meio de grandes figuras e escolas de pensamento e das práticas de nossa humanidade. A história bíblica ilustra magnificamente essa passagem da sobrevivência para a vida a caminho de realização!

Mais do que nunca, o ser humano é seta de evolução por meio da "evolução *by design*"[18]. Mais do que isso, essa última é considerada igualmente pelas ciências humanas e sociais, tal como o descreveu Bainbridge em um relatório de 2004 dirigido por Roco e Montemagno[19]. Onde apresentou o projeto de biologização das ciências humanas para moldar a cultura. E também, dessa vez, pelo lado da sociedade humana, está em curso uma nova influência sobre as "regras do jogo". Além disso, não nos es-

[18] Entende-se por *évolution by* design, as influências dos atos humanos sobre a evolução no sentido de Darwin. Isso não é novo. Não se trata, pois, somente de teorias recentes do Transumanismo e do pós-humano.

[19] Mihail C. Roco et Carlo D. Montemagno, *The Coevolution of Human Potential and Converging Technologies. Annals of New York Academy of Sciences*, vol. 1013, New York, New York Academy of Sciences, 2004.

queçamos de que os algoritmos atualmente populares, inclusive em ciências humanas, são algoritmos bioinspirados, com as características da sobrevivência dos seres vivos, como já evocado. Aí também a relação benefícios-riscos entre busca de desempenho técnico e respeito da diversidade/complexidade deve estar atenta ao futuro.

O terceiro problema é o da "sabedoria" com a qual o ser humano faz suas escolhas. Com que liberdade em relação à máquina inteligente, que ética, em que bases, que sentido de benevolência para com as criaturas, que abertura à transcendência? Verifica-se, muitas vezes, que a visão evolutiva de Teilhard de Chardin, especialmente sua ideia de noosfera, é invocada pelos atuais sucessores de hoje da cibernética de ontem. Como a sabedoria de Teilhard, sua fé cristã, atua no interior dessa escalada da complexidade-consciência que a noosfera mostra?

V. A noosfera de Teilhard de Chardin: amorização, personalização e socialização

Sabe-se que a visão da evolução em Teilhard se traduz pela escala da complexidade e consciência via cosmo gêneses, biogêneses e a neogêneses. Vejamos mais de perto os vínculos e as diferenças frente à visão cibernética de ontem e de hoje, retomada por algumas correntes transhumanistas.

Com mais de cinquenta anos de antecedência, pode-se dizer que Teilhard pressentiu o papel que a futura informática seria chamada a desempenhar[20]. Ele escreveu: "Penso nessas extraordinárias máquinas eletrônicas (sedução e esperança da jovem cibernética) pelas quais nosso poder mental de calcular e de combinar encontra-se transmitido e multiplicado segundo um procedimento e em proporções que anunciam, nessa dire-

[20] Céline Lafontaine, "Teilhard de Chardin, prophète du cyberespace", *Religiologiques*, n. 25, printemps 2002, p. 209-219.

ção, aperfeiçoamento maravilhosos"[21]. E ele vê os cérebros humanos, assistidos por essas máquinas eletrônicas, conectar-se entre eles e comunicar em todos os pontos da face da terra.

A revista americana *Wired*, muito conhecida dos tecnófilos, dedica, em 1995, um artigo no qual consta que "Pierre Teilhard de Chardin estabeleceu o contexto filosófico da consciência planetária baseada na Net há 50 anos"[22]. Percebida como o último estágio evolutivo da consciência, a noosfera de Teilhard corresponde, segundo os autores, à unificação das mentes pelo viés da ciência e da técnica. Alguns pensam com efeito que a visão da noosfera de Teilhard encontra assim um forte eco no objetivo de uma desmaterialização da matéria inerte, da "matéria viva" e da mente humana *via* a informação codificável, com a fusão dos cérebros e de nossas máquinas inteligentes. Eles veem nisso até mesmo uma forma de "salvação" para a humanidade, às vezes, considerada como muito mal remendada pela natureza que nos teria "produzido" com demasiados limites, fazendo do humano um "fracasso" da natureza. Mas essa visão pode desempenhar o papel de um "bem comum", pode permitir realmente o "nós", que une os humanos promovendo sua singularidade?

Teilhard percebe claramente um imenso mundo "em trabalho de parto", na escalada da complexidade, desde as partículas e os átomos, passando pelo "passo da vida", depois do "passo da reflexão" com o ser humano (a neogênese precisamente), até a convergência de um ponto ômega, ao mesmo tempo, o ponto culminante de complexidade e consciência, e foco de atenção. Ele crê que o ser humano é a "seta da evolução", com as responsabilidades que essa posição lhe confere.

Teilhard consta um princípio de "união" em ação na evolução, desde as partículas elementares: "Em contraste com esses

[21] Pierre Teilhard de Chardin, *La place de l'homme dans la nature. Le groupe zoologique humain*, Paris, Albin Michel, 1996, p. 230.

[22] Jennifer Cobb Kreisberg, "A Globe, Clothing Itself With a Brain", *Wired*, juin 1995.

agrupamentos maciços, inorgânicos, onde os elementos se confundem e se anulam, a natureza se revela cheia de associações construtivas, regidas organicamente por uma lei justa inversa. No caso de semelhantes unidades, a aproximação dos elementos não tende a anular suas diferenças. Ao contrário, exalta-as. Em todos as áreas experimentais, a verdadeira união (isto é, a síntese) não confunde, diferencia-se. Eis o que é essencial compreender no momento de se decidir por uma grande opção"[23]. E ele acrescenta: "Tudo, no Universo, faz-se por união e fecundação, por ajuntamento de elementos que se buscam, e se fundem dois a dois, e renascem em uma terceira coisa"[24]. A escalada da complexidade permitiu, por etapas sucessivas e graças a essa "união criativa", passar da matéria inerte à matéria viva, até o ser humano pensante, a humanização e a socialização. Longe da uniformização e do nivelamento que reduziria o ser humano e o cosmo a uma "informação codificável" que se aplicaria uniformemente a todas as coisas, ele vê nesse processo da evolução uma personalização e uma socialização. Estas últimas são, segundo ele, sob a influência de Ômega que ele compara ao Cristo cósmico e total dos textos de São João e de São Paulo, sob a influência de sua Amorização do universo todo inteiro (Cristo gênesis).

Essa visão diz respeito ao ser humano em sua singularidade, a ele que é capaz não somente de conhecer, mas também de se conhecer. E também na socialização, isto é, a interconexão das consciências na noosfera que deve favorecer a personalização e não uma diluição em um "grande todo", e, em seu futuro, o sopro da união criadora. Ou seja, no caminho da complementação da humanidade inteiramente.

Nesse caminho, o ser humano deve exercer suas responsabilidades como roteiro da evolução, principalmente diante dos obstá-

[23] Pierre Teilhard de Chardin, "La grande option", dans *L'Avenir de l'homme, Seuil*, 1959, p. 72-73.

[24] Pierre Teilhard de Chardin, *OEuvres complètes, t. XII, Écrits du temps de la guerre*, Paris, Seuil, 1976, p. 281.

culos e das forças de desumanização. Chegado ao estágio do pensamento reflexivo, a evolução outorgou ao ser humano o terrível poder de a conduzir ou de traí-la. Para cada um de nós está, desde então, posto o problema da ação. "Em que momento da Noosfera existiu uma necessidade mais urgente de encontrar uma Fé, uma Esperança, de dar um sentido, uma alma, ao imenso organismo que construímos? Em que época a crise foi mais violenta, entre gosto e desgosto da Vida? Oscilamos realmente, em nossos dias, entre as duas paixões: servir o Mundo ou lhe fazer greve"[25]. Não se compreende a visão de Teilhard sem Transcendência e Amorização do Ômega, que "chama a humanidade" ao vir-a-ser, sua completude no seio de todo o cosmos. "Algo de amoroso constitui a natureza mais profunda do universo em expansão."[26] Nenhuma metamorfose há que não passe pela cruz e ressurreição de Cristo.

O desenvolvimento prodigioso das ciências e tecnologias da informação oferece hoje muitas possibilidades de relações entre os humanos. Não é exagerado dizer que um princípio de união, de conexão, de relação, está na base da invenção da Internet, por exemplo. Mas é também justo se perguntar se a convergência *internet* (*entre redes*) e as redes sociais favorecem realmente (ou não) uma elevação da consciência geral, uma nova fraternidade e uma maior união da humanidade? O mínimo que se pode dizer é que isso não é automático. O realismo nos faz ver como misturados a esse "princípio de união" a violência, o assédio, os ciberataques e tantos outros traços de um mal que nela também desumaniza. Internet projetada para "conectar" é também um lugar de expressão do mal. Encontramos aqui um árduo combate diário entre as forças que constroem (união criativa) e as que destroem ou fazem retroceder (força de divisão, rejeição, exploração do outro).

Diante dos desafios de seu tempo, Teilhard já prevenia: "O futuro da terra pensante está organicamente ligado à reviravolta das

[25] Pierre Teilhard de Chardin, "L'esprit de la terre", *in Oeuvres complètes*, t. VI, L'énergie humaine, Paris, Seuil, 1962, p. 54.

[26] Pierre Teilhard de Chardin, *Letters to Lucile Swan*, p. 4.

forças do ódio em forças da caridade... Que em face da paixão de destruir, a paixão de unir se ilumine em nós com mais ardor"[27]. Certamente Teilhard utiliza uma visão que se chama hoje "sistêmica". Mas parece-nos que sua visão crística "abre justamente o sistema" para um além de si mesmo, abertura principal que se faz "do interior".

VI. A crítica de Jacques Ellul na *Théologie et technique*

A posição de Jacques Ellul é muito diferente que a de Teilhard na área que aqui nos interessa. *Théologie et technique* (Teologia e Técnica) é um escrito póstumo de Jacques Ellul, publicado em 2014. Em vida, Jacques Ellul publicou umas sessenta obras que se dividem entre sociologia, ética e teologia. O interesse maior da obra póstuma é que ele faz a ligação entre esses três enfoques de sua obra.

Jacques Ellul é conhecido por sua severa crítica à técnica, principalmente em sua maior obra 'O Sistema técnico'[28]. Não é contudo tecnofóbico, mas seu objetivo é analisar de modo crítico as mentalidades que o sistema técnico configura, principalmente pelo critério de eficácia, produzindo, segundo ele, a necessidade mais do que a liberdade. A técnica, segundo Ellul, "encerra o ser humano em sua finitude", submisso a seus imperativos de normalidade, eficácia, êxito, trabalho.

Desse modo, para Ellul, a técnica torna-se o novo "sagrado" do ser humano em uma natureza precisamente dessacralizada pela tradição cristã (como já evocado). E para ele, visões teológicas, como a de Teilhard, "compactuam" demais com o universo tecnológico, estabelecendo uma continuidade bem grande entre a história dos homens e o reino de Deus[29]. Assim, Ellul mostra, na *Theologie*

---

[27] Pierre Teilhard de Chardin, *OEuvres complètes*, t. XII, *Écrits du temps de la guerre*, Paris, Seuil, 1976, p. 171.

[28] Jacques Ellul, *Le système technicien*, Paris, Calmann-Lévy, 1977.

[29] *Ibid.*, p. 16.

et techique, que o judeu-cristianismo fracassou em seu processo de dessacralização e constata que é quase impossível desenraizar o sagrado do ser humano. Além disso, o conceito de natureza é substituído pelo conceito de criação, "O ambiente não pode mais ser deixado à mercê do excesso dos meios de exploração"[30].

Em uma natureza dessacralizada pela revelação cristã, segundo Ellul, devem ser postos limites à técnica para proteger a Criação de Deus. O "sem-limite" do sistema tecnológico hoje faz o ser humano entrar em outra forma de prisão, uma prisão sem muro! O ilimitado é a negação do ser humano e da cultura para Ellul.

O realce à substituição da ideia de criação pela ideia de natureza é particularmente pertinente para retomar a questão dos limites. Pensamos que a crise ecológica e a conversão ecológica exigida por essa crise são uma ocasião para recolocar os limites necessários à liberdade do ser humano na criação e não o contrário. Se o ser humano é cocriador ao sopro da sabedoria de Deus, ele não deve tornar-se "senhor e possuidor" da natureza. É antes o administrador fiel, chamado a fazer frutificar essa natureza da qual faz parte. Um possuidor não faz frutificar senão aquilo que possui, e no sentido de sua vontade e não em uma aliança com a natureza. Recordemos que na ideia de criação há, ao mesmo tempo, "o chamado de Deus à existência" de todo ser como a "resposta do ser". É aí que se joga a liberdade do ser e o "tomar conta". O que é verdade sobre a relação do ser humano com a natureza é também verdade no âmbito social, no contexto da ecologia integral da encíclica *Laudato Si'*.

Ellul toma um exemplo da evangelização por meios técnicos para ilustrar sua visão sobre o papel ambíguo da técnica, mesmo no âmbito da fé cristã. "Pretender servir a Deus por nossos meios (por exemplo, fazer da evangelização à maneira de B. Graham) é, na realidade, manifestar a glória do ser humano e em nada a de Deus"! Uma avaliação particularmente radical e discutível, mas que tem o mérito de colocar a questão sobre o que podemos

[30] *Ibid.*

estar "transferindo" de sagrado para a técnica que, de simples instrumento de comunicação, poderia estar sendo encontrada no coração da evangelização! Mas para "jamais ceder à vertigem dionisíaca da Técnica"[31], é necessário um discernimento ético, "não para que Deus manifeste sua maior eficiência, mas para que sua palavra possa ser ouvida em sua exclusiva humildade, que sua glória possa aparecer na escolha de seu não poder".

Ellul assinala igualmente o perigo ligado à técnica de poder ir longe demais na manipulação da vida que Deus apenas concedeu. Esse perigo é notadamente o da comercialização do ser humano pelo poder da tecnologia. Propõe então uma ética do não poder. Para Ellul, a revelação cristã (especialmente com a escatologia) é esse espaço de alteridade que permite "ressignificar a técnica" e libertar o ser humano do tempo artificial da técnica. Contra o tempo da técnica, cronológico, medido e produtivo, Ellul lembra o significado do *sabbat* e de um tempo aberto a sua incerteza, um tempo de gratuidade como no sétimo dia. A revelação é a confirmação dessa irrupção do novo: segundo ele, é preciso essa ruptura para pôr fim ao reino da técnica.

Só um não poder inspirado pela Aliança pode nos conduzir aqui à liberdade do ser humano diante da técnica. Para Ellul, "o real problema atual, a verdadeira falha da Técnica se situa no próprio ser humano"[32] e não na técnica em si mesma. É o poder que lhe damos que nos escraviza, aprisiona nossa liberdade e nos impede de dominá-la. Pode-se pensar aqui nos fantasmas transhumanistas de uma técnica que "daria a salvação" à humanidade. Mas ao privilegiar o "prever para fazer" ou "entender para fazer" nas tecnociências conduzidas pelo digital, pode-se também encontrar um traço dessa sacralização da técnica de que fala Ellul. Ela é exercida na base de eficácia, aceleração do tempo e de valor tecnoeconômico.

---

[31] *Ibid.*, p. 221.

[32] *Ibid.*, p. 265.

A crítica de Ellul é contundente: "tudo o que o sistema técnico fornece é um tipo de ilusão; satisfações ilusórias de necessidades satisfeitas pelo próprio sistema [...]. A Técnica assume a representação da realidade"[33]. Ellul conclui: "ela é de fato a expressão consumada do espírito da mentira, tendo anexado a verdade"[34].

O núcleo do problema também é que, no mundo tecnicizado, não pode mais haver outra mediação senão a técnica. É a essa unicidade que é preciso resistir, o que parece bastante pertinente no momento em que as tecnociências digitais moldam nosso futuro. Ellul assinala, então, para a teologia cristã uma tarefa redobrada: a da denúncia e da resistência, com a radicalidade de um não poder crítico. Somente ela pode permitir aos "cristãos de Igreja o abandono do Espírito de poder"[35], esse não poder que engloba a não violência, mas sem se reduzir a ela. Propõe uma ruptura com o espírito do sistema técnico, e não com a técnica em si, a fim de vencer o espírito de mentira em uma "não tecnicidade radical"[36]. Aí está sua esperança!

VII. Relação com o corpo e relação com a morte

A visão antropológica ternária "corpo-alma-espírito" não é a única na história cristã, mas ela tem um grande espaço depois de São Paulo aos Tessalonicenses: "Que o próprio Deus da Paz vos santifique inteiramente e que todo o vosso ser, espírito, mente[37] e corpo, sejam guardados irrepreensíveis para a vinda de Nosso Senhor Jesus Cristo" (1Ts 5,23). Ela se diferencia fortemente da tradição dualista: corpo-alma que, no Ocidente cristão, foi tão significativa e que causou tanto estrago! A visão ternária foi principalmente veiculada por santo Irineu de Lyon no século II; depois, santo

[33] *Ibid.*, p. 287.

[34] *Ibid.*, p. 297.

[35] *Ibid.*, p. 312.

[36] *Ibid.*, p. 349.

[37] No original em Grego o termo é *psiché*, traduzido para línguas latinas como alma. Adotamos o termo *mente*, que permite compreender melhor a argumentação em questão (NTr.)

Efrem, santo Máximo, Confessor, os místicos renanos e os místicos orientais. Para a história dessa tradição antropológica que retorna com força em nossos dias, leia-se a análise de Michel Fromaget[38].

Segundo bispo de Lião, nascido em Esmirna, santo Irineu era do Oriente-Próximo que se torna um ocidental no século II após Jesus Cristo. Em seu escrito maior, *Adversus Haereses,* encontra-se esta frase muito significativa: "A carne modelada (modelada por Deus, o criador) por si só não é o ser humano perfeito, é apenas o corpo do ser humano, portanto uma parte do ser humano. A mente sozinha não é mais o ser humano, ela é apenas a mente do ser humano, portanto uma parte do ser humano. Nem o espírito é o ser humano, dá-se lhe o nome de espírito, não o de ser humano. É a conjunção e união de todos esses elementos que constituem o ser humano perfeito"[39].

Para Irineu, a palavra "alma" engloba as emoções, os afetos, a inteligência, a vontade, o desejo, e a palavra "espírito" é a fina ponta da alma, lá onde o Espírito fala ao ser humano. O Concílio Vaticano II expressará essa realidade invocando o "santuário" interior onde Deus fala ao ser humano: é o que funda sua dignidade. Dir-se-á que o mental e, mais geralmente, o psiquismo estão na alma, e que a meditação se abre ao espírito, como experiências de "emoção interior". Todo ser humano tem uma dimensão espiritual, quaisquer que sejam suas crenças ou sua filosofia de vida, incluindo uma pessoa ateia.

Notemos que a palavra espírito, em francês, é ambivalente. Em inglês, entende-se que o espírito do intelectual é a mente (*mind*) e que a vida espiritual é da ordem do *Spirit*. Um grande intelectual não tem forçosamente uma vida espiritual desenvolvida, o que marca bem a diferença aqui ressaltada entre alma no sentido de mente (*mind*), e o espírito de vida espiritual.

---

[38] Michel Fromaget, *L'homme tridimensionnel.* "Corps, Âme, Esprit", Paris, Albin Michel, 1996.

[39] Saint Irénée de Lyon, *Contre les Hérésies*, livre V, t. 2, introduction, traduction et commentaires par Adelin Rousseau, Louis Doutreleau et Charles Mercier, Paris, Le Cerf, 1959, p. 583.

Pode-se estabelecer uma surpreendente e significativa ressonância entre essa "antiga tradição antropológica" e o que a biologia, em sua área específica, indica hoje por meio da epigenética e plasticidade cerebral, já evocadas nesta obra. O ser vivo evolui por meio de um dinamismo que permeia a robustez (que mantém sua identidade) e a vulnerabilidade (que lhe permite adaptar-se ao seu meio ambiente, transformando-se). Para o humano, as relações recíprocas entre biologia e psiquismo, de um lado; entre meditação e plasticidade cerebral, de outro, ressaltam o "intrincado" das dimensões "biológica, psíquico-social e espiritual" do ser humano em seus ecossistemas[40]. A biologia influencia o psiquismo e o vivido, que, por sua vez, influenciam a biologia. A meditação espiritual influencia, da mesma forma, a plasticidade cerebral. O que é novo aqui é que o próprio biologista foi levado a ter em conta as dimensões psicossocial e espiritual (em sentido amplo do termo) em seu próprio trabalho. O vivido influencia o biológico (e vice-versa).

Essa ressonância entre um ramo da Ciência moderna e uma tradição antropológica cristã (e mais amplamente quanto se lê o livro *De l'âme* de François Cheng[41]) pode servir de base antropológica comum. No entanto é essa base que as tecnociências digitalizadas vão negligenciar totalmente, ao contrário da biologia moderna. Com efeito, se tudo é "informação", um nivelamento das três dimensões do humano está surgindo. "A máquina inteligente" não tem corpo.

Assim, como diz a filósofa Bernadette Bensaude-Vincent ao falar de NBIC e dos objetivos transhumanistas, "o ser vivo torna-se uma máquina de processar informação, um programa (software), de cuja aparelhagem (hardware) se tenta esquecer, ou seja, todo o suporte material psicoquímico que torna a máquina infinitamente

---

[40] Pour plus de détails, voir Thierry Magnin, *Penser l'humain au temps de l'homme augmenté*, op. cit., chapitre 4.

[41] François Cheng, *De l'âme*, Paris, Albin Michel, 2016.

mais complexa do que a metáfora do programa deixaria supor"[42]. Ela mostra claramente que o enfraquecimento da fronteira entre humano e máquina, sugerido pelos fundadores da cibernética, parece dotado de um "poder de contaminação" de todas as categorias: ser humano-animal, macho-fêmea, realidade-ficção.

Pode-se citar também o *Manifeste cyborg*, livro célebre de Donna Haraway[43] no qual a autora indica que, na visão atual, "nenhum corpo, nenhum objeto é sagrado em si mesmo; qualquer componente pode ser posto em interface com outro, basta para isso construir o padrão adequado, o código que permite processar os sinais em uma linguagem comum". Em suma, um completo apagamento das diferenças parece desenhar-se, o que toca as mentalidades muito além dos círculos transhumanistas: tudo é informação codificável, inclusive o mental humano. E a figura do ciborgue todo-poderoso (o oposto do ser humano vulnerável) reforça essa visão.

Bernadette Bensaude-Vincent sublinha, no livro supracitado, como "o ideal de reduzir a quantidade material, até transformar a matéria em um condensado de informação, entra em ressonância com o ideal de uma vida imortal[44]! O corpo não é senão informação, é de certo modo desmaterializado, pode ser reparado como uma máquina reprogramável e a velhice é adiada. A morte, então, não é mais olhada como uma necessidade natural; "*a negação do determinismo material e a negação do tempo biológico são ainda uma manifestação do paradigma informacional herdado da cibernética*"[45].

Mesmo que essas posições sejam da ordem da fantasia, elas atingem as mentalidades de nossos contemporâneos. Sabe-se bem que nossa relação com o corpo e a morte são dois pilares de nossa condição humana. São largamente perturbados por certas visões

[42] Bernadette Bensaude-Vincent, *Les vertiges de la technoscience. Façonner le monde atome par atome*, Paris, La Découverte, 2009, p. 91. (As vertigens da Tecnociência. São Paulo: Ideias e Letras, 2013.)

[43] Donna Haraway, *Simians, cyborgs and Women. The Reinvention of Nature* (Símios, Ciborgues e Mulheres), Londres, Routledge, 1991.

[44] *Ibid.*, p. 99.

[45] *Ibid.*, p. 91-92.

tecnocientíficas hoje. Libertar-se da matéria e se libertar do tempo (p. ex. descarregando seu "espírito em uma máquina") constituem um mesmo projeto. O corpo aparece como um entrave para o cérebro. Compreende-se quando a máquina inteligente, à qual o ser humano delega uma parte de sua autonomia, constitue uma espécie de ideal. Há aí um real empobrecimento do humano, tanto mais surpreendente quanto as ciências biológicas mostram, ao contrário, a profunda complexidade de todo ser vivo e as interações corpo-alma-espírito citada anteriormente!

Como consequência direta, a velhice é, de certo modo, desqualificada e torna-se um fardo inútil. A própria morte aparece cada vez mais como fracasso, esquecendo-se que quando se morre como "humanos", é um ser único e irrepetível, com sua história singular, que pode ser honrado, inclusive no cuidado do corpo! A busca da imortalidade visada, empurrando as fronteiras do corpo não é novidade na história. Mas alguns proponentes das tecnociências digitais, que não visam descrever o que se é; mas predizer e fazer acontecer o que será "por vontade industrial", põem em perspectiva um "novo corpo aumentado", até mesmo as fantasias da imortalidade, *via* a onipotência digital. Mas como já dizia Gilbert Hottois "a supremacia última da técnica na teoria [...], o reconhecimento da natureza operacional da tecnociência, implica a retirada das questões teóricas relativas ao sentido, à essência ou à referência em proveito de interrogações meramente operacionais"[46]. Pode-se perguntar se esse corpo aumentado, quase imortal, será capaz de um vínculo social de qualidade, e assim, suportar o futuro de "si" que é de outra ordem diferente do desempenho tecnológico. Pode-se também duvidar de que essa imortalidade – espécie de perpetuidade e de rejeição da morte, último limite a vencer – possa abrir o ser humano a uma verdadeira esperança.

[46] Gilbert Hottois, *Le signe et la technique. La philosophie à l'épreuve de la technique*, Paris, Aubier, 1984, p. 60-61.

4
A ÉTICA PRÁTICA INTERROGADA PELA IMPRESSIONANTE ASCENSÃO DA CIVILIZAÇÃO ALGORÍTMICA

I. Introdução: da ética aplicada e prática

Distinguimos a ética do conhecimento da ética prática, que é chamada também de "ética aplicada". É bom, contudo, deter-nos nessa segunda área da ética, mais clássica que a ética do conhecimento. É preciso enfatizar que a ética do conhecimento é um fundamento para a ética aplicada. A dúvida é se os valores subjacentes à primeira vão influenciar a segunda.

Antes de tudo, observamos que a ética aplicada está voltada para nossas ações. Não é desvinculada (embora seja de outro tipo) da ética do conhecimento conforme os valores privilegiados por essa última. Isso é, por exemplo, que definiu Paul Ricoeur (em seu livro *Soi-meme comme un autre – o Si mesmo como Outro*): "A ética é o próprio movimento da liberdade que busca uma vida boa, na solicitude para com o outro e no justo uso das instituições sociais". Com as duas dimensões: a de solicitude com o outro e a da justiça social.

O termo "ética prática" se dirige ao mesmo objeto ao especificar tudo em uma atitude de "filósofo engajado" (na aventura tecnológica). Ou seja, uma prática de ética dentro da pesquisa tecnocientífica, com possibilidades e riscos dessa postura. A possibilidade é a do diálogo entre filósofos e tecnocientistas para co-elaborar a argumentação ética. O risco é de o filósofo perder sua capacidade de recuo necessário. Mas a postura do filósofo independente e que estabelece sua argumentação ética sem diálogo com o tecnocientista, "acima do emaranhado", implica também em riscos, principalmente por não integrar suficientemente os componentes e desafios tecnocientíficos.

Durante séculos os filósofos defenderam numerosas concepções do que chamamos aqui de ética aplicada. Todas têm suas vantagens, mas também seus limites. Em particular, é necessário pôr-se de acordo sobre "um bem comum", o que hoje se verifica ser difícil em uma sociedade individualista.

A mais frequentemente praticada em nossos dias é a ética consequencialista que se apoia na relação benefícios-riscos das tecnologias, interessando-se pelo conjunto das consequências de nossas escolhas tecnológicas. Uma ação técnica é julgada boa se suas consequências são também julgadas boas. Se existe um dilema ético (que em geral é o caso), decidir-se-á pelo "mal menor" em termos de consequências, ponderando que o peso dos benefícios seja superior ao dos riscos (ou *vice-versa*). Evidentemente, o contexto e a cultura jogam fortemente nessa "pesagem". Assim, "mentir" poderia ser justificado para não inquietar uma pessoa. O utilitarismo (o que for útil para a maioria, torna-se aqui o princípio primeiro da ação) encontra também lugar nessa perspectiva.

A ética deontológica dá mais ênfase ao imperativo moral, em termos de deveres e obrigações (como a proibição da mentira, do incesto e do homicídio, como também ao imperativo categórico de Kant, e sua declinação por Hans Jonas para as gerações futuras). É o dever moral do ser humano ou de um organismo, até da sociedade, que vem primeiro. E o lado "bom ou mal" de um ato está ligado a esses deveres julgados essenciais. Vê-se também que os "deveres essenciais" estão muito ligados ao contexto e às mentalidades. Na área das novas tecnologias, alguns dirão também que nosso dever moral é utilizá-los porque não o fazer poderia significar "não assistência à pessoa em perigo" pelas tecnologias que, por exemplo, permitiriam curar ou potencializar seres humanos.

O terceiro tipo é a ética das virtudes, mais clássico na história antiga, depois no cristianismo com a filosofia medieval e que está ressurgindo hoje em certos círculos filosóficos (cristãos ou ateus como para Comte-Sponville). A questão é: qual é o "traço de caráter"; qual é a virtude (ou o vício) que está principalmente associada a uma decisão moral, a um ato? E o ato será julgado "bom" se esse traço for virtuoso, assim como o que acarreta, é claro, como consequências. As quatro virtudes ditas "cardeais" são:

– A prudência, que tem em conta o risco em função da situação, da responsabilidade e das consequências;

– A força ou a coragem que dá a energia para empreender ou resistir;

– A temperança para canalizar os desregramentos e moderar as paixões;

– A justiça para com o outro, com respeito ao dinheiro, ao sentido de partilha, à igualdade.

Na tradição cristã, fala-se também das três virtudes, chamadas "teologais": a fé, a esperança e a caridade. A caridade vai a par com a busca da verdade e da justiça. E o reconhecimento da dignidade inalienável e fundamental de todo ser humano. Note-se que se trata aqui da dignidade ontológica e não uma dignidade-decência (ligada a uma imagem de si ou uma maneira de ser) e, muito menos, uma dignidade resultante de autodeterminação que nada limitaria.

É, muitas vezes, na articulação das três áreas da ética aqui mencionadas – cognitiva, prática, de virtudes – que se tenta propor um questionamento em vista de um bem comum, muitas vezes, difícil de se definir. Assim, em biotecnologia, por exemplo, ao levar em conta o respeito ao ser vivo (humano em particular) como base principal, pode-se convocar quatro níveis de questionamento ético:

– A relação benefício – riscos: biosseguridade e "biossegurança", por exemplo.

– A ética dos riscos: utilização dos princípios de responsabilidade e da precaução. Assim, para Hans Jonas, o princípio de responsabilidade se exprime por: "Ajas de modo a que o efeito de tua ação seja compatível com a permanência da vida autenticamente humana na Terra"[47]. É nesse contexto que se coloca a questão da "reversibilidade": até onde é possível voltar atrás se uma decisão tomada se confirmar nefasta?

– Os objetivos buscados: exemplo do "ser humano consertado, o ser humano melhorado", com todas as questões sobre o sentido do ser humano que isso coloca. Reencontra-se aqui a habitual e redobrada questão dos limites aceitáveis e os que não podem ser ultrapassados. Assim, o objetivo visado nas NBCI é afastar os limites do humano, o que por si não é novo na história. Mas até onde "ultrapassar os limites humanos" e a que preço? É para uma humanização ou é uma evasão diante da finitude humana, uma negação da morte e da contingência humana? É justamente sobre o "poder de ser o si mesmo" que o filósofo Jüngen Habermas discute.

– A relação com o vivente e com a vida. As novas biotecnologias questionam nossas relações entre o natural e o artificial, entre o vivo e o inanimado, e questionam nossas responsabilidades na geração de novos seres biológicos. O ser vivo será funcionalizado, "coisificado" em uma visão utilitarista? Um tipo de visão performista entra aqui em questão. Vale a pena a vida ser vivida segundo as funcionalidades/performances do ser vivo? "O que é a vida" e como respeitá-la se ela se apresenta como um artefato, resultante de uma construção do ser humano?

II. O marco da Aliança, fonte de todo discernimento ético

As questões de ética prática tratam da relação com o bem e com o mal (bem comum e a pessoa), sob a pressão tecnoeconômica

[47] Hans Jonas, *Le principe responsabilité. Une éthique pour la civilisation technologique*, Paris, Le Cerf, 1979, p. 13. [O princípio responsabilidade. Uma ética para a civilização tecnológica. Rio de Janeiro: PUC-Rio, 2006.]

no presente estudo. Ora, vimos que é possível a capacidade de fabricação ser no futuro diretamente ligada ao processamento digital que funcionaria a partir de um grande número de dados, sem que o ser humano compreenda os mecanismos subjacentes (fabricação de compostos bioquímicos complexos, de seres vivos modificados, até de ser vivo artificial). Essa "inteligência digital" pode então se emplacar!

O ser humano manterá o controle ou confiará às máquinas de aprendizagem, não supervisionadas (com sua zona cega), a tarefa de determinar o que aparecerá como verdadeiro (provável) e o agir consequente? E quais as consequências para a ética prática no futuro da humanidade? Estamos então diante de um dilema ético. Adotar as ações resultantes da explosão de "possibilidades" oferecidas pela digitalização e a algorítmica, quando se sabe que seus resultados não são verificáveis no sentido da experiência crítica em laboratório (novos tratamentos terapêuticos possíveis, ações econômicas, financeiras, climáticas e sociais...)? Ou então, decidir se ater às soluções testáveis, submetidas à experiência crítica, à validação dos modelos pelo ser humano, que são supostamente menos eficientes? Estamos no coração do dilema entre princípio de precaução e princípio de responsabilidade de Hans Jonas[48].

O simples instinto de sobrevivência levará a decidir sobre esse dilema? As palavras da Aliança de Deus com o ser humano e sua criação vão no sentido do dom, da gratuidade, do amor que se enraíza na biologia e no psiquismo. Mas, muitas vezes, elas vão em sentido contrário ao instinto de sobrevivência, de antropocentrismo e do "salve quem puder". O espiritual "educa" o biológico-psíquico da evolução do ser vivo para passar do sobreviver ao viver, do medo ou da escravidão à liberdade, do fracasso à renovação.

Daí o nosso olhar cristão sobre essa civilização algorítmica, com suas oportunidades e seus riscos. Leva-nos a pôr questões essenciais: que poder, que exercício de poder digital, que relação com

[48] *Ibid.*

o tempo, que liberdade, que humanização, qual o lugar para o dom e a gratuidade, para o livre-arbítrio, para a participação fraterna, para a solidariedade, para destacar a relação privilegiada para com os mais pequenos (exclusão digital e questões de ética social)? E como trazer os pontos-chaves do pensamento social cristão para a esfera política?

A análise ética das convergências descritas na parte precedente está longe de ser simples do ponto de vista cristão. Uma visão radical seria adiantar o princípio de um estado de natureza querido de modo intangível por Deus, e ao qual o ser humano não poderia atingir por sua própria iniciativa. Além disso, como temos dito, desde o século IV, Basílio de Cesareia já dizia que o ser humano podia "penetrar na oficina da criação divina" e que tinha também acesso à "razão industriosa" (*logos entechnos*), de Deus[49]. O ser humano é cocriador ao sopro da Aliança com Deus.

Essa expressão de Basílio está bem alinhada com o "cultivai e guardai a terra" de Gn 2,15. Convida o ser humano à cocriação no âmbito preciso da Aliança com Deus que se doa criando o processo intemporal da cocriação por meio do ser humano. Isso se faz no âmbito do respeito pela criação divina. Portanto para o cristão não há razão de condenar *a priori* toda vontade de transformar biologicamente o humano. Mas trata-se de não esquecer o estatuto da Aliança, muito ao contrário.

Para um cristão, é no estatuto da Aliança que se situam o dilema ético e os princípios de discernimento de uma transformação da criação pela mão do ser humano. Ela é ilimitada, se respeitar a Aliança. Ou seja, se seu propósito e/ou consequências da ação ou da decisão se inscreverem no respeito à Aliança, descrita principalmente pelos critérios já adiantados no capítulo "Ciência, ética e fé", item: "III. A Aliança e a renovação do pensamento social da Igreja".

Esse contexto da Aliança é "fonte cristã" de todo discernimento ético. Na prática, pode-se dizer que o limite ético das consequên-

[49] Basile de Césarée, *Homélie sur l'Hexaéméron*, op. cit.

cias das tecnociências deve ser estabelecido segundo a extensão, o espaço e o tempo requerido na área para a análise e previsão de consequências. Com efeito, se nos contentamos em analisar as consequências de uma tecnociência em um espaço físico, temático (problema a ser solucionado) ou temporal limitado (aqui e agora), muitas vezes, passamos ao largo da verdadeira equação: benefícios-riscos desse tipo de aplicativo. Além disso, a ética consequencialista por si só é insuficiente, como indicamos anteriormente.

Como analisar e prever as consequências de um desenvolvimento tecnocientífico em âmbito de toda a biosfera onde tudo está ligado? Além do mais, em decurso de centena de anos, o nível de complexidade cresce de maneira indefinida. Em contrapartida, um princípio de precaução levado ao extremo convida, então, a considerar que todo desenvolvimento técnico pode criar mais problemas em escala global que resolvê-los em escala local (temporal, espacial).

O inverso é igualmente verdadeiro: uma tecnologia pode criar problemas em escala local; mas ser benéfica em escala global. E se estendermos esse princípio às disciplinas científicas e ao espaço infinito de suas interações possíveis, então o campo de análise torna-se impossível, seria apenas um aproximar. Isso pode, então, conduzir a um torpor que censura toda aventura tecnológica e provoca um congelamento, até um recuo, de todas as inovações tecnológica. Sobre as possibilidades emergentes da tecnologia o caminho é, portanto, estreito entre uma tecnofobia sistemática e um otimismo esclarecido. O que constitui um verdadeiro dilema.

Mas, nisso novamente, a Aliança pode dar asas à esperança e à capacidade de assumir riscos na confiança em Deus; por pouco que se respeitem com exatidão os termos da Aliança. Nesse caso, isso produz uma libertação das iniciativas e uma vontade de serviço à humanidade, levando adiante e "entrando na oficina da criação divina", movida também pela vontade de contemplação da criação e do desejo de descobrir seus segredos. É com essa esperança que desejamos apelar, ao mesmo tempo, promover a tecnologia (Ética positiva) e a resistir a algumas de suas orientações.

Assim que a questão do bem se coloca na complexidade infinita e irredutível do ser vivo, nenhum modelo formal até hoje pode garantir que "esse bem, aqui e agora, permanecerá um bem em todo lugar e sempre".

A Carta de São Paulo aos Romanos (7,18-19) diz: "Pois, [irmãos], sei que o bem não habita em mim, isto é, em minha carne; de fato, querer o bem está a meu alcance, mas fazê-lo, não. Não faço o bem que quero e cometo o mal que não quero".

III. Exemplos de dilemas éticos nas tecnociências digitais

Demos, anteriormente, exemplos de utilização do digital (IA e processamento big data) em medicina (tratamento da microbiota intestinal e desenvolvimento novas moléculas químicas). Eles nos mostraram como o biologista poderia progressivamente perder o controle na modelagem estatística da chamada máquina "inteligente" que guia a pesquisa. Temos ressaltado o perigo dessa "perda" quando o "digital" passa de uma forma de assistência ao tecnocientista para um controle direto das tecnociências. Colocamos, então, uma questão-chave: "Haveria alguma possibilidade (ou não), no fim do processo, de se fazer uma experiência crítica, permitindo ao cientista validar (ou não) o resultado obtido"?

Pode-se, com efeito, pensar que não é porque o cientista perde o controle quanto à evolução dos resultados estatísticos que os sistemas de cálculo se tornam forçosamente perigosos. Não seria a primeira vez (longe disso) que o ser humano perderia o controle em uma pesquisa que, por definição, é, muitas vezes, "às cegas"! O "fazer para compreender, ao longo do caminho" tem mostrado sua eficácia para o conhecimento em muitas áreas. Além do mais, mede-se o quanto é eficiente o cálculo da máquina em sua capacidade de propor "futuros possíveis" que o ser humano não havia conhecido. No campo médico, em particular, essas novas possibilidades podem abrir muitas perspectivas terapêuticas inovadoras e eficazes. É preciso não se esquecer.

O dilema ético inclui o risco de "fazer sem compreender" e, até mesmo, "fazer sem tudo dominar". Contanto que um controle efetivo dos resultados dos processos pelo cientista permaneça possível, principalmente por experimento crítico. Essa experiência crítica não é apenas "física", pode ser a de uma simulação digital na qual se "testa" a robustez do modelo. O ser humano mantém, assim como prioridade, a "busca de uma verdade científica" que sabe provisória, que o digital permite refinar *via* as evoluções possíveis, que pode ser sempre testada por experimentos críticos.

A validação de um processo digital, em medicina, por exemplo, tem essa exigência. Mas a experiência crítica nem sempre é possível, como muitas vezes na microbiota para a qual os efeitos de sinergia entre parâmetros são difíceis de controlar. É esse o caso quando os processos são usados nas ciências humanas e sociais, com efeitos de interações que ocorrem em longas etapas. Aí a grande questão é a possibilidade de "corrigir o tiro" se necessário, o que é chamado de reversibilidade. Quando o "fazer sem compreender" está em ato, além da pesquisa, pode-se duvidar muito frequentemente sobre a possibilidade de reversibilidade, porque erros e danos colaterais já podem ter se tornado irreversíveis.

A invenção de moléculas artificiais (ou moléculas naturais geneticamente modificadas), antes não encontradas na natureza, é um exemplo disso, que hoje vai além dos romances de ficção científica. O instrumento CRISPR do qual temos falado, é um excelente meio de ação nos seres vivos. Mas já se tem visto como sua utilização no "fazer sem dominar" pode se tornar muito problemático (veja o nascimento de meninas gêmeas siameses cujos embriões tinham sido geneticamente modificados, apesar dos efeitos colaterais descontrolados)!

Pode haver ali casos práticos em que o sistema digital tenha dado possibilidades que o tecnocientista constrói então, sem compreender totalmente e que poderão, tempos depois, ser confirmados como muito pertinentes. Não se trata então de demonizar os futuros possíveis que a máquina inteligente prescreve! Mas para que essas possibilidades se tornem desejáveis, é essencial que as pessoas se manifestem "com conhecimento de causa", e não apenas sob pressão tecnoeconômica. Daí a diferença entre a fase de pesquisa e a do desenvolvimento.

O problema vem também do fato de que certos meios tecnoeconômicos assumem (ou mesmo impõem) as predições fornecidas pelas máquinas como as "novas representações da verdade". Temos citado exemplos mostrando que, mesmo entre alguns cientistas, isso infelizmente é assim. Ainda mais em uma sociedade fascinada pelas tecnologias! Existe aí um perigo ideológico, com consequências terríveis, quando a primazia da previsão, revestida de "onipotência digital", substitui o conhecimento. É bem essa a ideia de onipotência tecnoeconômica em questão e que deve ser desmascarada.

Entre os dilemas que podem ser eticamente estudados, encontra-se o da inteligência artificial diante de terapias. Sem dúvida, a inteligência artificial pode ser uma grande ajuda nos cuidados, principalmente se não for feita em detrimento da relação paciente-médico. O que supõe uma transparência tanto para o paciente quanto para o médico que se apoia na inteligência artificial. Volta a grande questão da transparência dos algoritmos, mas também a questão de reverter os problemas. Não são as pessoas que devem se adaptar aos algoritmos, mas os algoritmos às pessoas. Há aí todo um trabalho indispensável de transparência.

A primazia da previsão sobre o conhecimento é usada também em numerosos setores das ciências humanas e sociais. É esse o caso da justiça chamada "preditiva"; está baseada no que se chama de técnicas legais (*legaltechs*). Ou seja, a irrupção do processamento de megadados (*big data*) na área jurídica que muda o modo de fazer a justiça. Pode-se compreender o grande interesse para os juízes de se apoiar em toda uma jurisprudência, traduzida em linguagem digital que permite um julgamento preciso em um quadro de referências. É uma ajuda que pode ser extremamente preciosa para a justiça.

Mas o dilema ético aparece quando se passa de um dispositivo de ajuda para um uso sistemático de uma jurisprudência digital. Passar-se-ia de uma justiça da consequência para uma justiça de correlação. "Como digerir essa passagem de uma justiça tradicional, vertical, feita em consequência de nossos atos, para uma justiça preditiva, horizontal, na qual o juiz pode basear sua decisão em uma jurisprudência quase exaustiva, associada às vertiginosas correlações trazidas das profundezas em grandes números pela rede algorítmica adequada"?[50]

O autor acrescenta que ali se trata de uma mudança radical em relação com a culpa, que só é real e, portanto, repreensível se ela tiver sido realmente cometida. Ora, a justiça por correlação coloca o suspeito em um grupo de indivíduos pretensamente homogêneo, no qual se supõe ter comportado como a média. A tentação é grande de extrapolar as estatísticas e aplicar o princípio de precaução para descartar os potenciais culpados. É o princípio da justiça preditiva. Aqui também, enquanto o uso dos algoritmos for uma ajuda para a decisão e enquanto o ser humano, o juiz e o advogado, em particular, mantiverem o controle, pode-se esperar uma justiça melhor. Mas até onde irão manter o controle? Não nos esqueçamos também de todos os vieses possíveis dos algoritmos, principalmente em relação a discriminações raciais e sociais.

Os algoritmos não saberiam substituir as pessoas. O exercício do direito, em geral, deve sempre proceder caso a caso, ao contrário de um algoritmo, porquanto esses processos algorítmicos são, muitas vezes, obscuros quanto ao processamento dos dados utili-

[50] Éric Salobir, *Dieu et la Silicon Valley*, Paris, Buchet-Chastel, p. 170-171.

zados. Não convém na área social que a possiblidade de existência de maciços bancos de dados, com sua análise por poderosos meios digitais, leve a estabelecer, como uma espécie de referência absoluta, resultados derivados de modelos da realidade, que pretendem "apreender essa realidade social" tal como ela é. Tal compreensão pode produzir um efeito de "verdade científica", enquanto ela não é senão uma modelização de correlações. Mas como destaca o tecnófilo Éric Salobir, o cientista de dados não é mais do que um tradutor de decisões em termos de código; não deveria acreditar, portanto, que o "código (digital) seja a lei".

Esse passo de antecipação estatística, *via* tecnologia digital, dos acontecimentos que intervêm na e sobre a sociedade, em inumeráveis áreas, é amplamente descrito e evidenciado no artigo de Bilel Benbouzid e Dominique Cardon[51]. Os autores sublinham, com numerosos exemplos, até que ponto a verdade da previsão invade, graças ao aprendizado profundo da IA (*deep learning*), todo o campo social, e passa de uma condição de ajuda aos humanos ao de comandantes de intervenções automáticas (polícia preventiva, detecção facial, ou sociopercepção de perfis: homossexuais, futuros pacientes, futuros delinquentes etc.). Mostram a que ponto os vieses introduzidos por esses algoritmos, aparentemente neutros em relação aos dados, são numerosos e colocam questões éticas consideráveis. Falam de algoritmos de percepção: a elaboração deles a partir dos dados que escapam ao ser humano.

Vamos dar outro exemplo. A decisão de implantar maciçamente pequenos robôs "humanizados" para o acompanhamento de idosos isolados pode ser estudada a partir de painéis experimentais feitos objetos de análise *in vivo*, em um contexto. Permite avaliar os efeitos benéficos em relação aos riscos e efeitos negativos observados. Mas se essa análise parar por aí, corre o risco de perder a ocorrência de questões éticas reais na convergência técnico-econômico-científica.

[51] Bilel Benbouzid et Dominique Cardon. Machines à prédire. (Máquinas de predição). Réseaux, 2018/5, n. 211, Paris: La Découverte, p. 9-33.

A implantação massiva de tais robôs levaria a instalar, na lógica do mercado, uma plataforma interconectada de milhões de pessoas idosas, equipadas e em redes cada vez mais eficientes, rapidamente dotados de inteligência artificial. A necessidade de rentabilidade e os problemas de saúde pública estimularão sua eficácia econômica e tornarão irreversíveis os desenvolvimentos sempre mais poderosos e sempre mais invasivos. Tudo isso influenciará o livre-arbítrio referente à saúde ou mesmo ao consumo. A captura dos dados privados se tornará um mercado lucrativo que os Estados, enfraquecidos pela independência dos sistemas, não poderão regular (Facebook hoje).

Por outro lado, isso criará novos recursos para estimular uma pesquisa aplicada cada vez mais dependente de novos modelos de negócios (*news business models*) que a concorrência tornará irreversíveis. Como hoje, onde se tornou "obrigatório" participar do avanço tecnológico, se não se quer ser aniquilado pelos concorrentes empresariais, estatais. É uma questão de autoridade que coloca a escolha a ser feita entre, tipo, "*Amish*" (grupo religioso que se opõe ao uso de eletrônicos) ou "*tecnoligado*". A reflexão ética deve abordar todos esses assuntos ao mesmo tempo, estendendo os cenários no espaço e no tempo. Mas a complexidade sobre a qual abrem as extensões torna quase impossível o trabalho de discernimento. Precisamos então aceitar uma forma de reducionismo da reflexão ética.

Abordamos um último aspecto da questão dos dilemas éticos, quando esses avaliam uma "contagem de óbitos". Utilizar essa tecnologia reduz o número total de óbitos, mas induz óbitos diretamente relacionados à tecnologia, porém em menor quantidade. Vê-se isso na equação benefício-risco das vacinas durante o período de Covid-19. Esses assuntos se mostram, muitas vezes, difíceis de resolver. Além disso, uma ética colaborativa e inclusiva sobre isso, muitas vezes, resulta em um bloqueio ou em uma decisão de não implementar a tecnologia. Ou ainda escolher uma alternativa para reduzir o número de óbitos, sem induzir diretamente novos óbitos pela implantação da solução.

Tomemos alguns exemplos do campo da mobilidade. As tecnociências digitalizadas aplicadas, ao controle dos objetos em movimento, é um caso relevante para ilustrar esse aspecto. Sabe-se, por exemplo, que, ao automatizar por sistemas digitais de aprendizado profundo (*deep learning*), o conjunto de veículos que circulam na estrada (viaturas sem chofer), a redução do risco de acidente seria considerável (e, portando, o número de óbitos). Mas a existência de casos inexplicáveis de comportamentos *malucos* de veículos sem chofer, e a impossibilidade de consertar isso "com certeza" (sem acesso aos modelos e às linguagens criadas pela máquina), opõem-se a sua implementação maciça dessa tecnologia a curto prazo. Porque mesmo que, em última análise, o todo seja mais confiável; a existência desses poucos casos coloca o dilema ético que não se resolve por uma equação matemática. A aceitabilidade social, que é de fato uma forma de elaboração social, em geral, opõe-se a isso e exige uma precaução total. É difícil admitir que, em matéria de tecnologia, o risco zero não existe. Vê-se, então, que a apreciação ética de um equilíbrio benefício-risco não responde a uma simples estatística. O risco percebido é muito mais indutor de comportamentos do que a análise estatística do risco.

No entanto, por detrás de todo esse debate, há um dilema mais vasto. Trata-se do risco de condenar sistematicamente esse tipo de abordagem científica que visa explorar os resultados de pesquisas conduzidas por correlações e simulações para prever a evolução dos sistemas.

IV. O argumento de uma aposta a ser decidida

Muitas vezes no passado, a experiência, não formalmente compreendida, precedeu às tentativas científicas de elaboração de modelos e de conceitos de alcance universal, apoiada em equações matemáticas. A questão-chave hoje é então: essa fase cega da experiência, conduzida por simulações exitosas, levará ao surgimento de novos conceitos matemáticos capazes de modelar a complexidade? Se fosse esse o caso, estaria nascendo uma nova era tecnocientífica, a de uma completa rematematização da complexidade, enquanto que hoje nos encontramos no estágio da digitalização desconectada da matematização.

Com efeito, foi inicialmente a experiência sensível que estruturou os primeiros conceitos abstratos, gráficos, geométricos, depois aritméticos... O primeiro exemplo é o do papel desempenhado pela mobilidade conquistada pelo humano, que, no alto da pirâmide de ser vivo pensante, soube abstrair-se de sua relação física com o tempo e o espaço, para efetuar os primeiros formalismos espaciotemporais.

Uma gênese dos formalismos se desenvolveu: antes de tudo, muito relacionada às percepções sensíveis, como o carinho pela continuidade, a percepção do sucessor no tempo ou no espaço como iniciador da sucessão dos números inteiros, depois a irrupção das proporções, abrindo-se em fração. Sua combinação com o conceito de sucessor conduziu aos números racionais.

Pode-se citar igualmente o conceito de linha reta como caminho mais curto de um ponto ao outro, o círculo... Cada vez, dizem-nos Bailly e Longo em *Matematiques et sciences de la nature*, um princípio de construção formal é implementado e, por sua confrontação com os princípios de prova, adquirem seu status de "verdade". Assim princípios de construção e princípios de prova estão intimamente ligados. Isso é exercido no seio das próprias matemáticas em si, entre semântica e sintaxe ou logicismo, igualmente entre matemática e física experimental. Assim, as condições ancestrais de sobrevivência do ser humano o levarão a continuar a elaboração de formalismos, em seguida matematizados.

Pode-se citar outro exemplo de indução, de intuição sobre os formalismos: a noção de causalidade, amplamente discutida por

Aristóteles. Quais causas induzem a quais efeitos? Não há fumaça sem fogo. Uma fuga violenta de um rebanho pode indicar a presença de um predador perigoso, assim por diante. Outra noção nascida da experiência sensível, muito antes de sua matematização, é a probabilidade da vinda de um acontecimento. As primitivas sociedades agrárias aprenderam muito rapidamente a noção de "chance" de uma chuva cair; em termos de hoje, probabilidade em função de certo número de condições, entretanto sem certeza plena.

Esse processo não é unicamente dedutivo; é igualmente indutivo, uma vez que a experiência e a medição exigem uma evolução do formalismo matemático. Isso conduz a uma interação fecunda pela cofertilização, pela "fisicalização" das matemáticas. O acesso direto ao real sensível, à experimentação e às medidas diretas, onde o observável e o mensurável se confundem, irá esgotar essa fase da história das ciências físicas que culminam com a física newtoniana. Poder-se-ia dizer que todo esse processo respeitará o princípio intuitivo. O que nasce no princípio de construção não chega a trair os critérios práticos da intuição. Pode-se citar o espaço euclidiano e sua geometria, uma aritmética que não coloca em dúvida os fundamentos daquilo que a experiência sensível realça, a sucessão, a comutatividade, as retas paralelas que não se cruzam jamais...

Assim, como para o telescópio e a revolução copernicana, é de fato a extensão pela técnica da experiência sensível do ser humano que fará evoluir toda a concepção científica e os modelos matemáticos associados. Eles, por sua vez, estenderão essa experiência sensível pela técnica interposta. Ela, muito rapidamente, ultrapassará o limite dos sentidos visuais ou outros. O lugar da simulação será determinante nesse contexto.

Mas, como desenvolvemos anteriormente, as ciências recentes vão mostrar que essa mediação técnica da sensibilidade à experiência não é neutra. O modo de observar determina em parte a percepção do que é observado, e, portanto, sua abstração. Tudo isso leva a uma lógica embutida nas profundezas de nossas interpretações sobre o que é verdadeiro ou falso, possível ou impossível, do que é lógico ou não. Da mesma forma que se entrou na era de outra lógica (vectorial), resultante das novas percepções pela experiência (física quântica) no século XX, será que se pode vislumbrar o mesmo movimento no contexto da digitalização da complexidade? Essa digitalização, que não permite compreender a obtenção de soluções, poderá ser, entretanto, um instrumento indispensável para os matemáticos que buscam matematizar o complexo.

Assim, Bailly e Longo apostam que a dificuldade de matematizar o complexo poderia ser ultrapassada pela elaboração completamente disruptiva de novos modelos fundadores. Eles venceriam os limites do bom senso, da intuição, do que parece impossível, como era a bilocação em física quântica[52]. Isso poderia ser possível, segundo eles, para modelizar os sistemas vivos. Mas haverá tempo de fazer isso?

Assim, desejaríamos insistir na legitimidade e importância dessa busca da verdade científica em sentido tradicional (depois de Galileu), contrariamente a numerosos tecnocientistas que privilegiam o preditivo e sua eficácia. Uma das questões-chave é então: os tecnoeconomistas deixarão se convencer e aceitarão esperar?

A pesquisa em tecnociências digitais, abrindo soluções que não podem ser explicadas, mas que funcionam, não pode então ser sistematicamente descartada. Com efeito, esse desequilíbrio temporário, entre experiência não compreendida e a elaboração de conceitos que permitem compreender, está na base da evolução da maior parte das ciências. Mas fazer a aposta na chegada próxima dessa nova era de matematização (e não apenas digitalização) da realidade complexa, é ousado. E deixar desenvolver sem limites, sem garantia de reversibilidade essas tecnologias digitalizadas para alguns é um risco louco.

[52] Poderiam nascer modelos na geometria não comutativa, por exemplo, que levam a resultados verdadeiros e, portanto, desafiam o bom senso e a lógica adquirida de percepções anteriores sobre o real; eles são contraintuitivos.

Esse descontrole só pode ser temporário. A esperança de compreender um dia não é suficiente para justificar implementações de ações irreversíveis. O abandono da tentativa de compreensão humana, científica da eficácia de uma solução, em nome de prioridades tecnoeconômicas, só pode ser proscrita em virtude do princípio da direta responsabilidade humana.

V. A questão da segurança e do mal no mundo das tecnociências digitalizadas

Os progressos inéditos das ciências da informação revolucionam hoje nossa vida por meio de instrumentos eficazes postos a nossa disposição, mas que nos expõem também a numerosos perigos. Hoje, a segurança informática coloca assim enormes problemas. Citaremos aqui alguns e levantaremos uma questão poucas vezes tratada em público, a do mal no mundo digital cada vez mais crescente.

A segurança dos sistemas (em aeronave, central nuclear, veículo autônomo...), depende doravante essencialmente da informática, a única capaz de gerenciar inúmeros parâmetros. Ora, essa informática está se tornando bastante sofisticada para as pessoas em geral; especialmente para as menos instruídas. Como garantir que o ser humano possa tomar seriamente as decisões em um mundo que promete se tornar tecnologicamente cada vez mais complexo? Como melhorar a inteligibilidade dos dispositivos digitais, permitindo o humano e seus principais sistemas técnicos se comunicarem? Recolocando os seres humanos no centro do sistema e não obrigando os humanos a se adaptarem aos sistemas! Cabe à máquina compreender o ser humano. É uma mudança radical de paradigma em relação ao que prevalecia até o final do século XX e muito frequente ainda hoje, e para o qual cabe ao ser humano se adaptar à linguagem da máquina (ver os trabalhos de Frederic Vanderhegen da Universidade de Valenciennes).

A ideia é, assim, projetar as interfaces como "assistentes de crise" que orientariam o ser humano em caso de emergência, focando nos comandos prioritários do sistema, ou nas interfaces antecipatórias de perigos. A próxima ruptura, dizem-nos esses especialistas, não será tanto tecnológica quanto cognitiva.

O desafio agora é que a interface e, portanto, seu projetista, compreenda bem o sistema cognoscitivo do operador, ou seja, sua ecologia, para ajudá-lo a gerir seus recursos. A verdadeira segurança do mundo próximo futuro passa por aí!

Apesar desses louváveis esforços, deve-se notar que as redes de computadores são objeto de ataques em números crescentes e servem de terreno para conflitos privados e públicos. Os ciberataques se multiplicam, inclusive contra hospitais e estruturas sanitárias e sociais, muitas das vezes com dano colateral. Entre os hackers podem-se encontrar organizações muito diversas, incluindo poderes estatais. As tecnologias do digital são assim o teatro de manipulação criminosas: a questão do assédio sob diferentes formas é um exemplo disso.

No entanto, baseada no acesso gratuito, a Internet pode se tornar um espaço criminoso de conflitos econômicos e políticos. Além do mais, a segurança pessoal não é assegurada na Net, com uma possível invasão a qualquer instante em nosso próprio aparelho com seus danos. Isso, sem contar com o conhecimento de nossos fatos e gestos cotidianos e geolocalizados! Eis um instrumento eficaz que, no entanto, gera uma crescente insegurança, tanto mais forte que os hackers também se tornam tecnicamente eficientes. A eficácia não exclui as maldosas intenções, nem mesmo o mal, contrariamente ao que desejariam nos fazer crer certas correntes ultratecnófilas que veem nas tecnociências digitalizadas um verdadeiro "caminho de salvação para a humanidade"!

Não se trata aqui de demonizar as tecnologias digitais, mas justamente constatar que o que fora projetado para conectar os humanos, também carrega, em germes e em atos, os venenos da divisão, do combate ideológico, psíquico e físico. Em suma, o mal existe também no mundo digitalizado, e com força. Seus modos de funcionamento o favorecem, por exemplo, pelo anonimato das ações na Web. Com efeito, o superego, que regula as pulsões, está, muitas vezes, ligado à identificação social do infrator das normas sociais e morais. O anonimato elimina, em parte, certa camada do superego. E essa questão está posta, às vezes, ao programador e ao usuário das tecnologias digitais. "Tudo me é permitido, mas nem tudo me convém. Tudo me é permitido, mas não me deixarei dominar por coisa alguma." Eis uma frase de São Paulo na primeira carta aos Coríntios (6,12) que ressoa de maneira particularmente pertinente no contexto aqui analisado!

O mercado dos dados está em pleno andamento, para o melhor e para o pior. Para o pior, pensar, por exemplo, no escândalo de Cambridge Analytica, já citado em nossa obra. "Os dados são o modelo de negócio do Facebook e, quando se torna bilionário vendendo a vida das pessoas, não se pode esperar que isso mude um dia. Não era apenas inevitável, mas continuará se reproduzindo porque é a lógica das coisas", disse veementemente Vertrand Duperrini[53]. Haveria então aqui estruturas de pecado para retomar uma expressão do mundo católico.

VI. Análise das tentações de Cristo: as questões colocadas pela relação entre as tecnologias e o mal

O episódio das tentações de Jesus no deserto é relatado pelos três evangelistas Mateus, Marcos e Lucas. Depois de ter sido batizado no Jordão por João Batista, Jesus é posto à prova pelo diabo no deserto. Observamos aqui que "diabolôs" significa divisor. Nomearemos então essa "figura" como "o divisor", sabendo que ele é assim tentador, falsificador e dividido, e representa quem está voluntaria-

[53] Bertrand Duperrin, "La technologie est-elle vraiment le mal ?", FrenchWeb.fr, 9 novembre 2018.

mente separado de Deus (como princípio do mal). Evitaremos o imaginário que essa figura criou, e ainda suscita entre os humanos.

De fato, é o Espírito que conduz Jesus ao deserto onde será posto à prova pelo divisor. Jesus vai reviver, em quarenta dias, os quarentas anos de caminhada do povo, os Hebreus que saíram da servidão no Egito para ir rumo à terra prometida. Durante seu batismo, Jesus ouviu esta voz do Pai: "Este é meu Filho bem-amado em quem pus todo o meu amor". O divisor vai tentar separar o Filho bem-amado do Pai.

É interessante especificar os tipos de tentação que Jesus sofrerá.

"Se tu és o Filho de Deus, ordena que essas pedras se tornem pães..." Essa é a primeira tentação do divisor diante de Jesus que, depois de ter jejuado quarenta dias e quarenta noites, teve fome. A questão da tentação aqui para Jesus é sua fidelidade à sua vocação de Messias. Vai utilizar sua messianidade para satisfazer suas necessidades ou para realizar aquilo para o que foi enviado? Jesus se apoia nas Escrituras para resistir ao tentador. "O ser humano não vive somente de pão, mas de toda palavra que sai da boca de Deus." Essa resposta de Jesus é tirada do livro do Deuteronômio, no qual Deus diz a seu povo: "Tu te lembrarás de todo o caminho que o Senhor, teu Deus, te fez percorrer durante esses quarenta anos no deserto. Ele te fez sofrer de fome; Ele te alimentou com o maná que tu não conhecias e que teus pais não haviam conhecido, a fim de aprenderes que o ser humano não vive somente de pão, mas que o ser humano vive de tudo o que sai da boca do Senhor". Jesus, em seu próprio deserto, teve fome, mas ele queria se alimentar do maná que vem de Deus e não do alimento proposto pelo tentador.

Essa oposição é uma boa chave de leitura para nosso mundo moderno diante do excesso e da sedução dos produtos desse mundo. Principalmente quando nos promete apaziguar nossa fome e nossa sede de viver (como, às vezes, com as tecnologias do digital). Trata-se de saber reconhecer os alimentos que realmente podem apaziguar nossa verdadeira fome de viver. Essa tentação tão clássica, é claro que não se aplica apenas ao domínio do digital; não deve ser compreendida como uma lição de moral, mas, antes de tudo, como um apelo à vida. Tudo é permitido, mas nem tudo é proveitoso, para o sentido da vida em plenitude.

É nisso que o dilema ético, pessoal, mas também coletivo, é essencial para uma nação, uma democracia que pretende promover a liberdade individual e coletiva. É aqui que a ilusão das falsas felicidades deve se tornar objeto de um verdadeiro discernimento. Isso só pode se dar fazendo discernir a verdade sobre a situação, o que é difícil particularmente quando não se domina o conjunto do contexto, por exemplo o da utilização das tecnociências digitais. Há também um problema pelo número bem pequeno de indústrias digitais que as dominam!

Já vimos com Jacques Ellul que não se pode dizer que o sistema técnico seja neutro, mesmo se as tecnologias por si mesmas não sejam nem boas nem más. Nesse sistema técnico, a lei do mercado traça um contexto tecnoeconômico que precisa ser colocado sob o signo da transparência democrática. Caso contrário, a tentação da ilusão dos relacionamentos virtuais, para satisfazer nossa sede de viver, corre o risco de nos mergulhar não só na ansiedade, mas em uma profunda desesperança.

Jesus resiste à primeira tentação se colocando no registro espiritual, do que realmente nutre o ser humano. De repente, o tentador o leva ao alto do templo, quer dizer, em um lugar religioso por excelência. "Se tu és o Filho de Deus, lança-te em baixo, porque está escrito: Ele dará ordens a seus anjos a teu respeito, e eles te carregarão com suas mãos com medo que teu pé tropece em uma pedra." Citando o Sl 91, o divisor mostra que pode haver um uso desviante das Escrituras, o que bem vemos, muitas vezes, por meio do desenvolvimento de seitas. A resistência de Jesus a essa provocação é a de resistência aos ídolos. Se Jesus se lançasse do alto do templo e tivesse sido amparado pelos anjos, as multidões estariam a seus pés para o adorar como um ídolo, mas sem mudança de comportamento! O divisor propõe, pois, a Jesus exercer uma autoridade que repousa sobre a fascinação; então, Jesus resistindo, chama os humanos à conversão para que eles se tornem eles mesmos plenamente filhos, como ele é o Filho. E responde ao tentador: está também escrito "não provocarás o Senhor teu Deus", como fizestes em Massa, durante o Êxodo no curso do qual o povo tem sede e reprova Moisés de o ter feito sair do Egito para fazê-lo morrer. Também aqui, trata-se de sair do fascínio que exercem sobre nós as tecnociências digitais, de resistir às ilusões de onipotência, por exemplo, aquela que nos propõem as tentativas de transumanismo. O que não quer dizer que seja preciso lançar anátema sobre essas tecnociências.

A terceira tentação se desenrola em uma montanha muito alta, lugar por excelência onde se pode encontrar Deus, e de onde se pode ver todos os reinos da terra! "Eu te darei tudo isso, se caíres a meus pés para te prostrares diante de mim", diz o divisor a Jesus. A tentação do poder é aqui manifesta. Vê-se claramente que ela é aquela da humanidade nas muitas áreas, inclusive a das tecnociências digitais. Só uma liberdade comparável à de Jesus, que responde: "É diante do Senhor teu Deus que te prostrarás, e só a Ele renderás culto", permite resistir a essa terrível tentação do poder. Só uma alteridade de amor abre a uma verdadeira liberdade no exercício do poder. Diante do fascínio do poder e da dominação, só o sentido de serviço gratuito, aquele que o ser humano traz no mais profundo de si quando é solicitado por uma alteridade de amor, permite-lhe resistir à glória dos reinos do mundo, para retomar a expressão do divisor.

O risco de desumanização pelo fascínio técnico se inscreve nessa falta de alteridade salvífica. E o ideal do ser humano potencializado em suas funcionalidades, como uma máquina inteligente de alto desempenho, obscurece essa alteridade e fecha o ser humano em si mesmo (fechamento mais ou menos voluntário diante do outro em sua unicidade e, portanto, do Todo Outro). Em uma época em que as fronteiras se desfazem, tanto do lado do animal como da máquina, o ser humano busca um lugar específico. Não o encontrará sem dar um lugar ao espiritual, como espaço de abertura e de acolhida de um "além de si mesmo e do mundo" que só pode apelar a sua especificidade, a se doar mais que se fechar, e tomar assim o caminho da completude.

Dissemos na introdução deste parágrafo que Jesus reviveu no deserto os quarenta anos de caminhada do povo de Israel, passando da servidão do Egito para ir rumo à Terra Prometida. Esse episódio da história do povo de Israel é bastante significativo de uma longa passagem da servidão para o aprendizado da liberdade nos meandros do deserto. Mais de uma vez, os Israelitas sentirão falta do Egito e de suas carnes gordurosas, esquecendo-se da escravidão na qual estavam; mais de uma vez, serão tentados por novos ídolos, como o bezerro de ouro. Será preciso uma poderosa alteridade, a de Deus e de seu profeta Moisés, e muito tempo e paciência, para que o povo aprenda o que são sua verdadeira liberdade e seu senso de responsabilidade. Não é simples deixar as "escravidões interiores". Por meio da Aliança do Sinai, o povo recebe as "dez palavras" como caminhos de liberdade e de vida. Essa liberdade é particularmente a de se deixar desidolatrar: "Escolhei a vida"! Uma bela imagem de passagem da servidão digital para a liberdade com o digital?

VII. A civilização algorítmica do ponto de vista social e societário

A temível automação dos cibiontes

Com a IA pode-se imaginar que a "compreensão" do real e seu funcionamento, produzido pela própria máquina com linguagens e análises de correlações que escapam ao ser humano, não estarão mais ao alcance da inteligência humana. Entraremos, então, em uma automação cada vez mais integral das tecnociências.

Na unificação prevista de "NBIC E IA" (ver os capítulos anteriores) se perfila um desafio ético profundamente novo ou pelo menos transformado. Com efeito, o desenvolvimento da IA e sua combinação com a surgimento de redes de alta velocidade, integrando o valor agregado pela IA à própria rede nos conduzem a uma automação total dos cibiontes descritos mais acima e introduzidos por Joël de Rosnay nos anos 1990. Pois esses "seres" híbridos, feitos por humanos e tecnologias interconectadas, podem desenvolver estratégias, tomar decisões, sem que a inteligência humana esteja em condição de compreender os algoritmos, os cálculos, as lógicas e as linguagens implementadas pelas redes. Esse foi o caso, por exemplo, do colapso (*crash*) da Bolsa em 2008, quando as transações de "alta frequência", ligando centenas de milhões de operadores virtuais, assumiram o controle sem que ninguém pudesse compreender por que e sem poder intervir. Em seu livro *Superintelligence*, Nick Bostron detalha os cenários mais loucos de uma tomada de controle de toda a humanidade por um cibionte que "perdeu a razão" e que, por sua superinteligência, foi capaz de superar todos os dispositivos de segurança de rede (*firewalls*). Basta desligar? Não, porque a máquina é um cibionte que pode se replicar em qualquer lugar e a qualquer momento. Seria preciso desligar, ao mesmo tempo, todas as máquinas do mundo. Um sequestro informático que mataria bem mais do que qualquer vírus!

Além desses cenários de ciência de ficção, a tomada de controle sobre nossa vida já está em andamento. A captura pelo Facebook dos dados privados de bilhões de indivíduos, crianças inclusive – dados ou "poeira" de dados que são reconstituídos e analisados – permite a elaboração de perfil cada vez mais preciso e confiável. Esses dados analisados são vendidos muito caro para constituir bases de influência dos comportamentos comerciais, mas também eletrônicos... A inteligência artificial vai esculpindo para futuro seu poder de análise e de intervenção. Os *contracibiontes* públicos, ou iniciativas cidadãs, parecem já ter perdido a batalha da escalada da consciência cidadã frente ao rolo compressor dos Gafam [Acrônimo de Google, Apple, Facebook, Amazon e Microsoft].

Armas informativas de influência em massa

Tudo isso que estamos evocando nesta segunda parte constitui narrativas. Ora, essas narrativas estruturam uma figura fictícia do futuro que manipula as consciências criando uma verdadeira ideologia tecnocientífica, quando disso não se toma cuidado. Um sentimento de hiperpoder se desenvolve. O problema transversal essencial posto no plano ético pelas ciências e tecnologia acentua então o sentimento de aparente onipotência que essa figura fictícia repassa ao ser humano. Ela é fantasiosa, arrogante e conduz à idolatria (tecnolatria).

Güther Anders, em outro lugar, descreveu bem os mecanismos baseados na vergonha de si diante da técnica, pensada como perfeita e onipotente. Vergonha, para nós, pelo clima, pela poluição, pelas guerras ... tudo parece concorrer para retornar à afirmação de Albert Camus: "Existe mais para desprezar do que admirar no ser humano ...". Isso conduz à perigosa convicção e cada vez mais compartilhada: "Só a tecnociência, como processo sem sujeitos, pode salvar a humanidade apesar de si mesma". Essa convicção combinada então com os desafios de dominação econômica e militar, na maioria das vezes em nome do interesse geral. A aposta perigosa em prol das liberdades e preservação da responsabilidade última dos humanos é a da domesticação do ser humano pelo ser humano graças às tecnociências.

Ora, esse possível hiper poder indo até a imaginar vencer todas as fragilidades – e mesmo a morte – que povoam os romances de ciência ficção[54], corresponde à realidade? Não, na maioria das vezes; porque, na maior parte dos casos, a comunidade científica se

[54] A diferença entre ficção científica e ciência fictícia se apoia em uma realidade científica confirmada; mas, pela projeção ou extrapolação, abre um cenário pseudocientífico que se apresenta acreditável.

horroriza com as extrapolações abusivas dos autores das ficções científicas que infestam as mídias e editoras, brincando nas poças da tecnosfera unicamente para espirrar e "fazer burburinho". Mas, inversamente, seria loucura pensar que algum risco não exista e descartar qualquer perspectiva tecnológica não demonstrada cientificamente. Porque, por definição, a experiência crítica é difícil quando se trata do futuro.

Lembramos aqui a análise de Hannah Arendt sobre a condição do ser humano moderno:

"O artifício humano do mundo separa a existência humana de todo o meio ambiente animal, mas a própria vida está fora desse mundo artificial, e por meio da vida, o Ser humano mantém-se ligado a todos os outros organismos vivos. Há tempo um bom número de pesquisas científicas se esforça por tornar também a vida "artificial", e cortar o último elo que o Ser humano mantém ainda entre os filhos da natureza. [...] Esse futuro Ser humano, que os sábios produzirão, dizem-nos eles, em não mais de um século; parece atormentado pela revolta contra a existência humana tal como é doada, presente vindo do nada (secularmente falando) e quer, por assim dizer, trocar por uma obra de suas próprias mãos. Não existe razão para duvidar que sejamos capazes de fazer essa mudança, assim como não existe razão para duvidar que sejamos capazes atualmente de destruir toda a vida orgânica na terra. A única questão é saber se desejamos empregar, nesse sentido, nossos novos conhecimentos científicos e técnicos; e isso não poderia ser decidido por métodos científicos. É uma questão política primordial que dificilmente pode, por consequência, ser deixada aos profissionais da ciência nem aos da política[55]".

O ser humano quase aprendeu a controlar, em âmbito mundial, as armas de destruição em massa. Está prestes a controlar as armas de influência de massa, quer sejam biológicas (eugenismo de Estado ou de comunidades), geosféricas (geoengenharia de influên-

[55] Hannah Arendt, *Condition de l'homme moderne*, Paris, 1983, traduction française (Pocket, 24), 1994, p. 34-35.

cia climática inter-Estados) ou psicossociológicas (influência maciça de indivíduos e comunidades pelos Estados ou pelos organismos mundializados) (cf. Cambridge Analytica)?

Não seria necessário trabalhar em uma carta de interdependência solidária mundial sobre esses assuntos? Fazendo surgir, por exemplo, um acordo global de limitação de armas de influência maciça. Isso pode parecer novo e utópico no contexto atual. Será preciso um cibercataclisma mundial devastador no plano das vidas humanas para acabar com isso, uma Hiroshima informacional?

V

UM OLHAR CRISTÃO POSITIVO E PROATIVO

Nexo narrativo com o tema geral

Tentaremos, por fim, traduzir em termos de engajamentos concretos nosso olhar positivo e proativo, em relação a essa disrupção da civilização digital. Mostraremos que a ecologia integral oferece um quadro novo para repensar o lugar das tecnociências hoje. Em antes de concluir, propomos sete bases estruturais éticas do pensamento social cristão em ecologia integral, para as tecnociências digitalizadas.

Introdução: Resumo das ideias-chave referentes à revolução algorítmica

Sem esquecer as maiores contribuições das tecnociências digitais, tanto para a ciência e como para muitos setores da sociedade hoje (indústria, saúde...), queremos resumir aqui os riscos principais mencionados nas considerações feitas. Até então, a exossomatização pelas tecnociências permanece sob controle humano. Trata-se de uma ajuda, de uma assistência técnica, que aumenta as capacidades humanas (martelo, forquilha, computador ...). Essa assistência pode ser exercida pela simulação digital ou ainda pela inteligência técnica. Tudo isso torna mais eficiente a elaboração de conhecimentos pelo ser humano, passando, a maioria das vezes, pela matematização e o cálculo. Matematização e digitalização permanecem em estreita ligação. Passamos do "conhecer para fazer" ao "fazer para conhecer". A questão que se coloca aqui é a possibilidade de ocorrer uma terceira etapa disruptiva, passar ao "fazer sem conhecer".

A origem principal disso seria a convergência da IA com as nanotecnologias, indo até a digitalização do ser vivo por meio de uma simulação ascendente da nanométrica ao macroscópico. A simulação funciona por busca de correlação e não mais de causas. A IA e a simulação digital em escala quântica fazem explodir o poder de elaboração de decisões. Quando aplicada, por exemplo, ao funcionamento de uma célula viva, a máquina produz por simulação resultados cujo processo de elaboração escapa a toda matematização do ser humano. E, portanto, separa a digitalização da matematização. O ser humano se torna então um ignorante dos processos de decisão.

Migra-se atualmente para a digitalização do ser vivo. Entramos na era do que poderíamos chamar de "Ser humano-deus ignorante e a-responsável". A hipótese na qual o ser humano perderia o controle não é mais uma simples ficção. Ela está já lá em forma de larva.

A consciência científica da diferença entre real construído e real empírico se embaça ainda mais e reforçará a confusão já existente entre o ser humano e o modelo ser humano-máquina. Pior ainda, a conformidade social e cultural exigida pelo ser humano maquinizado poderia reduzir, por sua vez, a dimensão espiritual do ser humano e conduzi-lo para um materialismo extremo onde tudo é conhecido em termos de informação. Tudo, nas representações do ser vivo, poderia, então, ser reduzido a uma imanência calculista e digital, face à simples necessidade contingente. Isso seria a morte definitiva de qualquer forma de transcendência.

Essa confusão reforçaria, então, o sentimento de poder sem limites. O mito prometeico invadiria as tecnociências que entrelaçariam, de modo sempre mais sutil, a ciência e a técnica. Isso reduziria, ao mesmo tempo, as possibilidades de limitar as aplicações arbitrárias dos interventores. E ainda mais se surgir uma ferramenta de inteligência artificial que faça escolhas para o ser humano ignorante (exemplo, transações de alta frequência em finanças).

Finalmente, a técnica está sujeita às leis do mercado e da competição militar baseada no poder. Carrega igualmente consigo a dimensão econômica que se entrelaça, por sua vez, com as tecnociências. Isso reduz então, ainda mais, o livre-arbítrio das partes interessadas e o discernimento ético e democrático que demanda tempo.

Vemos aqui um ser humano não mais apenas "senhor e possuidor" da natureza como desde Descarte, mas "criador de uma nova natureza que ele fabrica segundo seu desejo de onipotência e que, portanto, lhe escapa".

Duas diferenças fundamentais

Hannah Arendt

Hannah Arendt fala explicitamente do "ser humano atormentado pela revolta contra a existência humana tal como lhe foi doada" (como que recusando a doação), para remodelá-la e reconstruí-la por si mesmo. H. Arendt ressalta que "a única questão é saber se desejamos empregar nesse sentido nossos novos conhecimentos científicos e técnicos". É interessante retomar as teses proféticas de H. Arendt, acrescentando a elas a consciência recente da crise ecológica como pano de fundo. Essa crise ecológica é terrível, mas recoloca o ser humano diante do "tudo está ligado", ao passo que, com o hiper poder tecnocientífico e a fabricação de uma vida e de uma natureza artificiais, está em processo de romper, como diz Arendt, "o último vínculo que mantém ainda o ser humano entre os filhos da natureza". Por que perder tempo em querer compreender, se isso já não faz a técnica ir além do que permite a IA? O ser humano só tem de seguir em frente: a criatividade, a intuição, o imaginário, a relação. Poderia abandonar a penosa tarefa de compreender, como abandonou o trabalho pesado, o trabalho físico. H. Arendt antecipou o fim da escravidão pela necessidade de produzir. Com a IA, é o fim da submissão à necessidade de compreender quem está se fazendo.

Laudato Si' (completada por *Fratelli Tutti*)

Com Laudato Si', temos uma ótima ocasião de trazer um olhar cristão bem original sobre essa situação. A crise ecológica é como um aviso de advertência para alguém que passou de "senhor e possuidor" da natureza a "fabricante de uma natureza artificial que escapa às dimensões de sua onipotência digital". Ou ele continua nessa posse e hiperpotência por meio de cibiontes que lhe escapam, ou ele embaralha completamente as cartas a partir de uma conversão ecológica que o convida a uma nova aliança com a natureza onde tudo está ligado.

1
UM OLHAR CRISTÃO POSITIVO É POSSÍVEL

I. Alguns critérios fundamentais da ética prática proveniente da antropologia cristã

Poder-se-ia descrever como critérios-chave que levamos em conta como cristãos (juntos com muitas outras pessoas), quando somos chamados a discernir o "bem agir", especialmente no contexto das aplicações tecnológicas ao humano, como em bioética. Esses critérios fundamentais são respeitados ou mais bem servidos e promovidos pela tecnologia em questão? Tais critérios de fato se opõem a um cientificismo mecanicista radical e ao reducionismo das tecnociências.

Os dois primeiros são movidos por duas convicções:

– A origem da vida humana e da criação está "na profundeza de um amor infinito atemporal".

– A vida se caracteriza como dom, assim como toda a Criação (cf. teologia da Criação).

Os seguintes dizem respeito a imperiosa necessidade de respeitar:

– A dignidade ontológica de toda a vida humana;

– A unidade da pessoa (corpo, psique, espírito) em seus ambientes;

– A coerência de filiação e de genealogia como caminho de referência para a sociedade (bioética humana);

– O princípio de vulnerabilidade pela atenção ao mais frágil;

– O princípio de livre-arbítrio, de benevolência e de responsabilidade;

– O "cuidar" de toda a Criação.

Esses critérios-chave não são independentes uns dos outros, mas entrelaçados, interdependentes, conectados.

Vê-se igualmente bem que uma parte desses critérios comporta um aspecto universal que ultrapassa amplamente o âmbito da fé religiosa. Em sua maioria, foram *laicizados* no mundo ocidental. Eles estruturaram os costumes morais e o direito nas sociedades. Nota-se, além disso, que atualmente a emergência de uma ecofilosofia agnóstica os retoma em parte.

II. Passar de uma ética prática reducionista defensiva para uma ética proativa

Descrevemos os riscos trazidos pela revolução digital e algorítmica:

– Digitalização do ser vivo pela combinação do digital com o quântico;

– Surgimento de um novo sonho prometeico pela indiferenciação aparente entre uma máquina hiper complexa e o ser vivo integral (em todas as suas dimensões biológicas, psíquicas, até espirituais, pelo humano). O ser vivo seria reduzido à informação codificável, a uma máquina modelada pela simulação digital, mas não pelo ser humano.

– Conformação dos humanos às exigências dos cibiontes (linguagem, desejos, comportamentos sociais...).

Paradoxalmente, o biomimetismo usado hoje no mundo tecnocientífico está inspirado pela análise do ser vivente complexo, muito mais complexo que os cibiontes. Desenvolvem-se concepções emergentes onde tudo está ligado, onde a "localização" volta a ser um desafio e estimula a consciência de que um agir local pode transformar o global. Elas podem conduzir a aprendizagens coletivas visando reinventar uma sociedade, uma economia, e uma tecnologia endocontributiva assim como um biomimetismo organológico (tudo o que diz respeito à organização – humana, técnica...). Esse é, com efeito, o modelo de organização reservada para o ser vivo, cujo desempenho, às vezes local e global, tem mostrado sua eficácia, diante de todos os defeitos que apresentam à humanidade. Entretanto é preciso ao mesmo tempo identificar bem os riscos de uma idealização irrestrita desses modelos biomiméticos. Eles têm por efeito achatar o humano como um *stakeholder* [agrupamento de pessoas ou organizações segundo interesses focalizados] "trivializado" em sistemas vivos dentro dos quais o processo de humanização estaria inteiramente contido em uma exigência coletiva de sobrevivência. Para os cristãos, a evolução é conduzida por uma força transcendente da qual o ser humano é a seta. A do amor e da caridade, indo até o dom total de si.

A emergência desses modelos endocontributivos positivos já está aí. É o caso de numerosos cibiontes ecorresponsáveis ou baseados na gratuidade real (não aquela mascarada pelos dispositivos em que o participante é o produto do comerciante). Os exemplos são numerosos: comunidades de cidades sustentáveis, cidades lentas, cidadãos do mundo, comunidades da Wikipédia...

A título de exemplo, a OMS acaba de reconhecer que a plataforma Covid-19 de Wikipédia é, de longe, a plataforma mais confiável, a mais precisa e a mais incólume de *fake news*, bem à frente dos jornais mais sérios ou as plataformas científicas tradicionais. Ela é traduzida em cento e sessenta e seis idiomas. O poder de uma comunidade em rede a serviço da "verdade", e não manchada por interesses particulares, é assim demonstrada como possível.

Esse poder extremo, permitido pela nova convergência tecnocientífica, pode ser colocado a serviço de uma reinvenção da tecnologia 'pela base'. A ação local e seus usos, impulsionados por uma consciência dos desafios globais, apoiada em valores de senso comum encarnados na realidade, podem dar alegria em agir, impulsionar a consumir de forma diferente. É nesse cadinho de uma consciência da humanidade global e interdependente que pode nascer uma nova liderança da ética em geral, e isso baseado em valores de antropologia cristã em particular.

Não ter mais medo dos cibiontes, e não mais rejeitar em bloco as contribuições da tecnologia, mas protagonizar um movimento neoprogressista visando fazer nascer cibiontes cuja arquitetura e cujo modelo econômico contrabalançarão, pelo crescimento da consciência popular e o agir local, a tentativa de tomada de controle dos cibiontes do hipermundo.

Por exemplo, não mais tremer diante da inteligência artificial, recusando em bloco suas contribuições, contentando-se em ativar alertas sistemáticos e pouco eficazes. Mas, ao contrário, reivindicar as plataformas *open source* [código aberto], criá-las e tomar a dianteira em matéria de formação, para que esses instrumentos sejam postos localmente a serviço dos atores endocontributivos que desejam transformar as coisas, o mundo. Sim, seria ético que a Igreja (por meio de suas universidades e escolas) se lançasse na inteligência artificial para fazer dela uma ferramenta de solidariedade, de caridade, colocando-a a serviço de seu pensamento social, em vez de combater, de mãos vazias, os hiperpoderosos conjuntos interconectados. Nessa mesma linha, a Igreja deve propor soluções "progressistas" (no sentido da ecologia integral), embarcando em tecnologia de ponta (biotecnologia, neurotecnologia), para levar em consideração os desejos e também os sofrimentos contemporâneos.

Ela deve também propor a ressonância de sua visão da pessoa humana em seu ambiente com as recentes descobertas sobre a epigenética e a plasticidade do cérebro que vêm reforçar pontos-chave da antropologia cristã, "corpo, alma e espírito" (ver III). Daí a ideia de livre-arbítrio e do ser humano em relação integral (a pessoa na tradição cristã) seria retomada em um mundo marcado pelas ciências da complexidade.

Mas tudo isso não será suficiente se ocorrer a digitalização do ser vivo, vista por ora como hipótese, e se intervier o cenário anteriormente descrito. A pós-humanidade estará avançando. E nosso debate acima estará completamente ultrapassado.

III. Emergências positivas que se abrem a uma nova aliança entre antropologia cristã e razão científica

Os desenvolvimentos recentes nos estudos da influência do ambiente sobre a evolução dos sistemas biológicos (a epigenética e a plasticidade do cérebro são exemplos que comprovam) ampliam a verdade científica sobre a infinita complexidade dos processos de humanização principalmente, e os vínculos entre o ser vivo e seus ambientes. Eles impõem um olhar fundamentalmente novo sobre a extensão do livre-arbítrio humano no centro do equilíbrio entre o inato e o adquirido.

Um antídoto ao sentimento de hiperpotência parece então emergir com o surgimento dessas ciências da complexidade no ser vivo. Elas mostram a importância de cuidar das ligações entre o biológico, o psicológico e o sociocultural nos ecossistemas humanos complexos. Convidam a mais humildade que arrogância, para que nossa ação integre aspectos essenciais da complexidade. Ressoam como apelos à prudência em intervenções humanas radicais sobre a natureza e implantadas sem experimentação.

Plasticidade genética, neural, e relação de ser humano em seu meio histórico, psíquico e sociocultural

O conjunto desses dois avanços científicos reforça a tríplice convicção antiga da antropologia cristã "corpo, alma e espírito" dando, por exemplo, uma ressonância biológica às teses de Emanuel Mounier sobre a liberdade por meio do personalismo. O ser humano é programado, superdeterminado por suas estruturas biológicas, genéticas e sociais, mas conserva um espaço onde pode exercer sua liberdade, seu livre-arbítrio, vindo a modificar em parte o determinismo genético, mental e social. E é nesse espaço, às vezes tênue, ponto sutil da alma (o espírito), que fundamenta todo o princípio da liberdade. Esse deve ser absolutamente preservado, feito ao mesmo tempo de reencontros, acontecimentos e, também, de escolhas conscientes e inconscientes, escolhas responsáveis. É para os cristãos o espaço onde Deus nos fala no discernimento necessário a toda decisão ou ação.

Nas análises precedentes, vê-se a que ponto está fragilizada essa preservação da liberdade e nossos dias. Ao tomar consciência dessa característica adaptativa essencial do processo vital no âmbito genético e mental, abre-se uma concepção nova e ampliada da liberdade, livre-arbítrio. Mas, ao mesmo tempo, esse avanço conceitual superior fica profundamente reduzido pelas neuro e biotecnologias que, ao se interessar apenas pelas funcionalidades mecânicas (ao estilo da máquina), suprimem seu exercício.

Enfim, esses diferentes avanços nos colocam em uma nova perspectiva que se integra na visão ecofilosófica do olhar multidimensional sobre nossa humanidade. Não viemos do nada, e a nossa herança, a que nos foi dada, foi dada também e assim por diante. Essa herança biológica não pode ser separada da herança social e cultural, de uma herança psíquica, uma aquisição da existência em seu meio por nossos genitores. E essa herança não determina de modo intangível o que cada um irá, por sua vez, transmitir. A cada um se pede de fazê-la frutificar, de reorientá-la se necessário. É nesse desígnio que surge uma importante corresponsabilidade de cada um na transmissão que lhe é confiada, sem ser o único e isolado proprietário no espaço e no tempo do que lhe foi transmitido.

Essa é a diferença essencial introduzida hoje na concepção de nossa responsabilidade diante da natureza. Somos intermediários, que acolhem uma vida que foi doada. Há um grande risco em perturbar globalmente essa transmissão.

2

A ECOLOGIA INTEGRAL OFERECE UMA NOVA ESTRUTURA PARA REPENSAR O LUGAR DAS TECNOCIÊNCIAS HOJE

I. Outra estrutura para pensar a ética das tecnociências digitais

Pouco antes de entrar no período perturbador da Covid-19, os parlamentares franceses estavam em pleno debate sobre um novo projeto de lei de bioética. Nesses debates, era impressionante ver o lugar essencial do indivíduo e seus direitos, com a seguinte injunção implícita: "O direito deve responder à vontade e ao desejo do indivíduo na medida em que as tecnologias permitem acompanhá-lo e que a pessoa requerente não faça mal a ninguém utilizando essas tecnologias". Tanto os direitos do indivíduo são essenciais, quanto também é a consideração a um "bem comum". Ora, muitas vezes, parecia que o único bem comum visado correspondia, mais ou menos, à soma dos desejos individuais reconhecidos como importantes para a liberdade individual.

Veio então a crise da Covid-19 que tem evidenciado a saúde pública e não apenas o indivíduo isolado, como um bem comum essencial! A saúde do indivíduo não depende apenas das tecnologias médicas, mas também amplamente de seus modos de relacionamento em sociedade. O peso da tecnologia no enfrentamento da pandemia é de um lado importante; mas longe de ser suficiente. Todo o sistema de saúde é que foi posto à prova. Para promover a saúde pública se requer toda uma rede humana de solidariedade que vá além das soluções técnicas. Proteger a vida é um objetivo nobre e tão complexo que não revela apenas questões de segurança ou de princípios de precaução. O exemplo das pessoas atingidas pela Covid, morrendo longe de suas famílias, impedidas de reunir-se a elas por razão de segurança, mostra isso claramente.

Contudo a mentalidade geral de antes-Covid demonstrava certa forma de "onipotência" das tecnologias. Elas foram pensadas como podendo resolver com o tempo a maior parte de nossos problemas e corresponder a numerosos desejos. Certamente, indo até a pensar o corpo humano "por peças descartáveis", peças que se pode não apenas reparar, mas também potencializar. Essa forma de onipotência é também, em grande parte, posta em crise por um pequeno vírus não dominado pelos cientistas. Não se trata aqui de diminuir o interesse pelas tecnociências, nem seu desenvolvimento a serviço da saúde dos indivíduos. Mas se trata de ver como seu uso e as questões de ética pertinentes podem encontrar um novo quadro de análise, pelo que a atual crise sanitária mundial nos oferece como horizonte de reflexão o bem comum, a solidariedade e fraternidade.

A noção de progresso médico supõe uma ampla abertura. É todo o sistema de saúde que é afetado por esse progresso. Faz do "cuidar da pessoa humana" o centro de interações entre medicina, tecnologia, economia, gestão, formação, acompanhamento médico-social, acompanhamento psicológico e acompanhamento espiritual. A pandemia vem trazer dimensões internacionais de globalização cheias de questões de ecologia, particularmente em termos de procedência e difusão do vírus.

Tudo está interligado

Formamos "ecossistemas" com a natureza, inclusive com os micro-organismos que atuam diretamente em nossa saúde, e ensina a coevoluir, a coabitar. Poderíamos dizer que "tudo está interligado", mesmo se a complexidade dos ecossistemas torna difíceis as previsões de sua evolução, pela interferência de uma multidão de diferentes fatores da natureza. Talvez tivéssemos esquecido que a espécie humana está inteiramente ligada às outras espécies vivas, como há tempo nos mostram as teorias da evolução e, de resto, a todo o cosmos. As tecnociências que permitem hoje fabricar pedaços de ser vivo artificial, graças às biotecnologias, e controlar a matéria para melhor a modelar (*designer*), têm talvez nos dado a ilusão de que o ser humano tivesse se libertado definitivamente da natureza. A Covid-19 acerta os ponteiros. Há todo um campo de trabalho que a ecologia científica é a medicina exploram cada dia mais.

Nessa crise da Covid-19, vemos também quanto a natureza e a mundialização se conjugam para espalhar a epidemia. O transporte aéreo ligado ao comércio e ao turismo de massa favorece grandemente a disseminação. Imagine se o vírus, proveniente do morcego, pode simplesmente percorrer o globo! Nisso também, tudo está conectado, para o melhor e para o pior! A iniciativa "One Health": um mundo, uma saúde (ligar a saúde humana com a saúde animal e a saúde do ambiente), preconiza justamente gerar a saúde humana em ligação com o meio ambiente e a biodiversidade. Sugere três objetivos principais: lutar contra as zoonoses (doenças de animais transmissíveis aos homens e vice-versa); assumir a segurança sanitária dos alimentos; lutar contra a resistência aos antibióticos.

Por uma ecologia integral

Os apelos provocantes para "mudar nossos hábitos de vida" em âmbito mundial, que ouvimos neste tempo de Covid-19, não pretendem rejeitar em bloco os frutos da modernidade. Pois, de fato, experimentamos como os meios digitais e o teletrabalho podem ser ótimas ferramentas de comunicação. Seus frutos nos tiram de um confinamento de pessoas isoladas, permitem manter contatos e encontros cordiais bem como continuar a necessária atividade profissional, a começar pela pesquisa científica para lutar contra o coronavírus. Mais do que isso, trata-se de encontrar novos modos de viver e de trabalhar, em escala planetária, para uma nova mundialização respeitosa do meio ambiente. Aliando, em um mesmo movimento, "ecologia ambiental e ecologia humana e social". Como dizem os pesquisadores do Icam Lille, François Henry et Laurent Falque, "a sustentabilidade passa por uma mudança do pensamento gerencial, levando em consideração um senso renovado de trabalho" (Le Monde, 6 de março de 2021).

O choque sanitário, em um contexto de choque ecológico, modifica a tensão entre economia e ecologia, confrontando-nos com nossas escolhas societárias, nossas prioridades e "o que é precioso a nossos olhos"! A natureza, a matéria, as espécies vivas, os territórios não são primeiramente recursos a serem explorados por um humano "senhor e possuidor da natureza".

Na repulsa brutal de nossa fragilidade, a crise sanitária nos leva a afirmar entre outras que a ciência e a técnica não bastam. Ao contrário do que desejam nos fazer crer as tendências transhumanistas, pela visão de um *homo deus* capaz de driblar seus determinismos biológicos e sua contingência, graças às tecnociências. Então, para conter a tentação do excesso, da onipotência, cabe a nós garantir individual e coletivamente o tempo para pensar sobre a sociedade na qual queremos viver. Não era esse, aliás, o tema dos últimos "estados gerais da bioética", na França (2018), que seria bom rever à luz da crise da Covid-19!

Muitos autores acham também que essa crise é a ilustração da morte de um paradigma progressista que se esgotou. Nesse contexto, as palavras do papa Francisco em sua encíclica *Laudato Si'* (2015) ressoam com mais força do que nunca. "Não é suficiente fazer média para conciliar o cuidado da natureza com o ganho financeiro, ou a preservação do meio ambiente com o progresso [...]. Trata-se simplesmente de redefinir o progresso. Um desenvolvimento tecnológico e econômico, que não deixa um mundo melhor e uma qualidade de vida integralmente superior, não se pode considerar progresso" (LS 194). Esse progresso não se confunde com o crescimento, com um aumento de poder tecnológico, com a acumulação de riquezas materiais e com o aumento do PIB, mesmo sem desprezar esses fatores.

A crise ecológica é a manifestação de uma crise mais profunda, a do ser humano. Outras provas disso são a crise econômica, ou ainda, o não respeito da pessoa humana em seu trabalho e sua vida cotidiana. "Não há duas crises separadas: uma ambiental e outra social; mas uma única e complexa crise socioambiental" (LS 139). Voltando às raízes humanas da crise ecológica, Francisco observa quantas vezes o ser humano está "nu" diante das grandes questões éticas. E ele acrescenta, como falha: "Quando, na própria realidade, não se reconhece a importância de um pobre, um embrião humano, uma pessoa com deficiência – só para dar alguns exemplos –, dificilmente se saberá escutar os gritos da própria natureza. Tudo está interligado" (LS 117).

Com muitos outros, ele postula uma "ecologia integral" que não se limita às relações do ser humano com seu meio ambiente, mas refere-se também ao desenvolvimento econômico, às relações sociais, o trabalho e seu sentido, a justiça social, os valores culturais e espirituais e, finalmente, a qualidade da vida cotidiana. O desequilíbrio dessas relações está na origem antropológica da crise ecológica.

A ecologia integral do papa Francisco retoma os elementos-chave do pensamento social da Igreja, anunciados na terceira parte desta obra, tendo como objetivo "salvaguardar a casa comum" (nosso planeta e seus habitantes). Retomando esses pontos-chave, ligando-os *via* ecologia integral (meio ambiente, desenvolvimento sustentável, questões sociais, ecologia humana), daremos mais adiante pistas de um discernimento ético em vista de um uso seletivo das tecnologias digitalizadas.

II. Uma ética baseada em uma visão "holística"[1] das ciências e tecnologias

O fulgor daquilo que se produz globalmente nas tecnociências, e que temos analisado neste livro, procede de uma sistemática complexa, que é urgente esclarecer do ponto de vista ético holístico, relacionando as diferentes áreas. Aí também "tudo está ligado".

Quais são os limites de uma análise setorizada de questões éticas trazidas pelo radical desenvolvimento global e sistêmico das tecnociências? Em outras palavras, quais os limites de uma análise voltada sobre enfoques sucessivos, paralelos, e não realmente interligados sobre bioética, ética da inteligência artificial, ética das nanotecnologias, ética das neurociências, sem falar da ética econômica? É compreensível que a evidente complexidade do campo global impõe uma redução em éticas setoriais; mas isso reduz, por sua vez, a capacidade de compreender o que é relevante, não em sua complicação, mas na complexidade das interações imprevisíveis entre as áreas científicas.

Por exemplo, nos debates atuais em bioética ou ética da inteligência artificial, a própria abordagem interdisciplinar é considerada crucial para a questão ética contemporânea, mobilizando em geral os especialistas das disciplinas, e então suas consequências sociais e econômicas. Há, de fato, um viés induzido pela definição do campo ético em questão. Porque a maioria das grandes rupturas nas tecnociências estão na confluência das disciplinas, devido à convergência delas pelo digital e pelo poder da informática.

Ao ler artigos e romances de ficção científica, que nos inserem em realidades bastante fantasmagóricos, em geral, usa-se qualificar personagens com o prefixo *hyper* ou *cyber*. Ou seja, se nos apresentam como hiperpotentes, definitivos, globais... Por exemplo, a hiper segurança diante da violência feita às pessoas, projetada nas supostas potencialidades das tecnologias do futuro, leva-nos a

[1] Um ponto de vista holístico consiste em tentar conhecer uma realidade de um ponto global, incluindo o conjunto das interações presentes.

imaginar drones "assassinos", equipados de câmeras de reconhecimento facial, com capacidade de imobilizar um "indivíduo fichado", em ambiente urbano e em uma zona identificada de risco.

Essa fantasia poderia juntar-se a uma opinião pública disposta a renunciar sua própria liberdade para conseguir uma segurança total. Salvo, aliás, em questões como a segurança rodoviária, que mata muito enquanto se pena pela educação social no limite de velocidade! As tecnociências aplicadas nessa fantasia conjugam inteligência artificial, processamento de megadados (big *data*), reconhecimento de formas e neurotecnologias.

A hipersegurança genética, por meio da seleção de ovócitos, ou ainda a sequência primária em uma simples tomada de sangue na sétima semana de gravidez (pesquisa recente que levou a Suíça a legislar no assunto) são outros exemplos. É o resultado de uma combinação entre poder informático, genético e inteligência artificial. A hipersegurança em matéria de seguro é alcançada pela profilaxia individual generalizada no plano de saúde, graça à *big data* combinada com a genética e a análise psicocomportamental baseada nas neurociências e inteligência artificial. Pode-se citar igualmente a hipersegurança de trânsito com Google Car, hipersegurança climática com a geo-engenharia, a hipercapacidade de influência com o neuromarketing ou a ciberinfluência a partir da big data (Cambridge Analytica).

A ética das tecnociências, hoje, deriva principalmente de suas finalidades e de seus impactos sociais. Isso também colabora com uma visão holística pela qual "tudo está ligado".

Se olharmos apenas a esfera biológica separando-a da geosfera[2] e da esfera das consciências em rede (noosfera), corremos o perigo de supervalorizar os riscos éticos que parecem menores, porque controlados pelas consciências, o bom senso humano, ou pelas legislações. E subestimar o impacto de sinais tênues no campo da biologia, mas que combinados com outras evoluções sociopolíticas,

[2] Aqui, o termo "geosfera" designa o conjunto de elementos do globo terrestre, incluindo a atmosfera menos o ser vivo.

mostrar-se-ão terríveis. O controle desses avanços tênues no campo de aplicações militares, ou em questões de dominação estatal, são disso um exemplo. Em nossa opinião, o mesmo vale para toda leitura ética disciplinar, entre as quais a IA, aplicada em um setor, sem visão do conjunto.

No fundo de tudo isso, com uma comunicação maciça não controlada, a referida combinação tecnicocientífica planta narrativas contemporâneas de modernidade em torno da ideia da mecanização crescente e inexorável do ser humano e da natureza. Chega até o domínio técnico do gene. Articula-se com um movimento inverso de humanizar as máquinas, inclusive pelo nascimento de pseudomáquinas "naturficiais", hibridando a natureza a tal ponto que não se sabe mais distinguir o natural do artificial. Exemplos: uma planta que clareia a noite pela inserção de uma parte de genes de um verme luminoso nos genes da planta; um drone fabricado a partir de um inseto vivo direcionado por um comando eletrônico (robôs vivos). Todas essas emergências são profundamente interdisciplinares, e até transdisciplinares.

De fato, é preciso delimitar o debate ético a uma ciência ou a uma tecnociência, mas isso é não suficiente em relação aos desafios futuros. Como controlar, em escala mundial, a tentação de dominação econômica ou militar associada ao sentimento de onipotência do ser humano graças às tecnologias em geral e especialmente quando conjugadas?

Nesse contexto, apoiamos a iniciativa francesa de criar consórcios éticos interdisciplinares, mas, ao mesmo tempo, interespecializados, reunindo cientistas de toda área, engenheiros, empresários e empresárias, cidadão, usuários... a fim de implementar um agir comunicacional inclusivo, garantindo a igualdade de dignidade no debate e a diversidade de pontos de vista.

3
SETE BASES ESTRUTURAIS ÉTICAS DO PENSAMENTO SOCIAL CRISTÃO COM ECOLOGIA INTEGRAL PARA AS TECNOCIÊNCIAS DIGITAIS

I. Introdução

A partir dos critérios-chave que constituem os fundamentos da reflexão ética, a questão é saber como levantar bases estruturais éticos práticos em tecnociências. A noção de base estrutural ético foi aventada por Pierre Giorgini, em seu livro *A tentação da Eugenia (La tentation d'Eugénie)*. Tratava-se de guiar a ciência e a técnica em sua infinita ascensão para o céu (metáfora das catedrais), pelos contrafortes da razão e da consciência que ele chama de "bases estruturais éticas". Esse conceito apresenta a vantagem de ser positivo e proativo. Bases estruturais em arquitetura não se opõem ao levantamento da parede; ao contrário, a sustentam-na e a guiam para lhe permitir prosseguir seu reto caminho para o alto, sempre mais alto.

"Como essas bases estruturais de pedra, essas altas pilastras terminam em arcos que seguram as paredes das catedrais para lhes permitir subir mais alto, sustentariam a parede da catedral do saber que sobe ao céu. Incorporaria a questão ecológica, socioeconômica, geopolítica e ética como dados científicos e racionais, e poderia ser a fonte de uma renúncia consciente, temporária ou definitiva. Isso não é renunciar ao progresso, mas redefini-lo em seu perímetro (progresso da natureza toda, inclusive o ser humano) e em sua responsabilidade ao longo do tempo. Ao mesmo tempo, reduziria a tensão entre a visão epistemológica e a ontológica do mundo, abrindo bem nas fronteiras um espaço para a arte, o desenho, a poesia etc. A nova aliança poderia, então, ser construída entre tecnosfera, biosfera, sociosfera e o campo das espiritualidades."[3]

Nosso objetivo aqui não é apenas ficar considerando as terríveis questões antropológicas levantadas pela era das tecnociências digitalizadas, mas também propor pistas para indicar como as tecnociências digitalizadas poderiam estar mais a serviço da humanidade em seu conjunto. Como podem se tornar mais uma oportunidade a serviço do bem comum, em tempos de urgência ecológica?

Partimos da posição de Basílio de Cesareia dizendo que Deus tinha assumido o risco de dar ao ser humano o acesso à oficina da Criação divina e da "razão industriosa" de Deus. Destacamos como era importante levar a sério essa visão de "ser humano co-criador", contanto que ele evite "tomar-se por deus" (narrativa da árvore do conhecimento do bem e do mal em Gn 3) e que tenha sabedoria de viver essa cocriação no plano da Aliança com Deus e todas as criaturas.

O que implica essa "sabedoria" e como pode contribuir para colocar as tecnociências digitalizadas a serviço da Criação e superar os desafios éticos amplamente destacados neste trabalho? Como pode ser compartilhada além do círculo das pessoas de fé explícita, e atingir os desejos profundos da humanidade, nesses tempos turbulentos de crise sanitária e social da Covid, e também nesse tempo que pode ser chamado de "cenário antropocêntrico"? Entendemos que os fundamentos do pensamento social cristão à luz da ecologia integral são formulações que podem ser validadas a seu modo para além da fé cristã para iluminar a busca de caminhos concretos no discernimento e na seleção das condições de uso das tecnociências digitais.

[3] Pierre Giorgini, *La tentation d'Eugenie*, Bayard, 2018, p. 218.

Nosso raciocínio é o seguinte: a crise de Covid-19 acentua nossa vulnerabilidade e nossa interdependência, em termos da convivência humana global e em termos de ambiente natural pressionado por uma mundialização sem retorno. O impacto dos humanos no "sistema terra", o cenário antropocêntrico, inclui essa crise da Covid e realça a urgência de uma responsabilidade coletiva global diante da urgência ecológica. A estrutura de uma ecologia integral, ou seja, uma ecologia ambiental intimamente ligada a uma ecologia humana e social, pode permitir examinar os meandros de uma "civilização algorítmica", com suas chances e seus riscos.

Tal objetivo requer um trabalho demorado que aqui apenas se esboça e que deverá ser continuado. Nosso mundo é complexo e suas interações entre os parâmetros que regem sua evolução são difíceis de prever a longo prazo. Já se vê como os modelos estatísticos da epidemia do coronavírus são difíceis de estabelecer.

Trabalhar em um mundo complexo exige exatamente viver em uma forma de incerteza, incompletude, que longe de ser um defeito da razão é uma condição de seu exercício. Para prever a evolução de um mundo complexo, é necessário fazer dele uma representação simplificada. Mas há que se ter o cuidado de não reintroduzir a utopia da "certeza" nas simplificações mais amplas, particularmente pelo viés de tecnociências que simplificariam de tal modo o ser vivo que elas os reduzem a uma máquina de informações processadas pela onipotência digital. Buscamos, nesse sentido, ressaltar o perigo de privilegiar o preditivo da pesquisa da verdade, e de fazer desse preditivo a nova certeza confiada aos cálculos de máquinas chamadas de "inteligente". O esforço de conviver com a incerteza é constitutivo de nossa civilização moderna. Como as tecnociências digitais podem então nos ajudar a construir uma civilização na qual a ecologia integral seja um fundamento maior, permitindo uma solidariedade do gênero humano principalmente diante dos desafios do antropocentrismo?

Respeitando a dignidade de cada ser humano e a salvaguarda da casa comum, é preciso sempre ler e tentar conjugar os opostos. Passar das contraposições excludentes do "ou", para mover-se em um "e" inclusivo[4]. Por isso, é possível definir sete bases estruturais principais. Uma base geral, que engloba todas as outras, é esforçar-se, sem descanso, por conjugar a busca do bem comum e a destinação universal dos bens.

II. Sete propostas de bases estruturais éticas

Julgamos que, como soube fazê-lo em catedrais, o mundo cristão deva se empenhar resolutamente na construção conjunta de bases estruturais para as "paredes tecnocientíficas que se elevam para o céu", e as guiem para "o bem, o alto, o justo". Sugerimos sete, mas é possível que haja muitas outras e que essa taxonomia seja melhorada. Cada base estrutural é expressa em forma de uma afirmação que corresponde à exigência que se propõe a seguir.

BASE 1: "A PROMOÇÃO DO HUMANO ENQUANTO TOTALIDADE VIVA (BIOLÓGICA, PSÍQUICA E ESPIRITUAL), LIGADA A SUA HISTÓRIA E A SEU AMBIENTE, É UMA NECESSIDADE IMPERIOSA QUE ORIENTA TODO O DESENVOLVIMENTO TECNOCIENTÍFICO".

Os transhumanistas pensam que a história não está escrita nas teorias clássicas da evolução, e que outros limares na conservação da espécie humana serão proximamente transpostos. Mas isso se faz "pela mão consciente do próprio ser humano", que quer dominar seu destino! O mito da preservação eterna de um humano desmaterializado, reposto em instrumentos de memória, ou ainda, a emergência de um pós-humano indefinidamente reparável são exemplos bem controversos disso. Assim, o ser humano reivindica a possibilidade de tornar-se dono do "tempo do ser vivente".

[4] Mireille Delmas-Marty, *Aux quatre vents du Monde*, Seuil, 2016.

Queremos ao contrário, em todo lugar e em toda situação, promover tecnologias que favoreçam (e tenham e se ocupem com) a harmonia entre as três dimensões: biológica, física e espiritual entrelaçadas. É significativo que essa antiga tradição antropológica tríplice, valorizada por Paulo e santo Irineu, esteja em consonância com as descobertas em biologia e neurociências.

Nesse contexto, queremos nos opor às tecnologias de engenharia do ser vivo que visam chegar ao abandono progressivo das três dimensões entrelaçadas. Pensamos particularmente nas que se ligam ao ato da procriação e nas que se concentram unicamente nas funcionalidades do ser vivo, e ambicionam influenciar radicalmente a linhagem genética do humano. Pensamos igualmente nas moléculas novas de tratamento que podem modificar profundamente, e de modo irreversível, a identidade das pessoas, assim como as próteses ou os órgãos "naturficiais" que podem agir por si mesmos.

Além disso, a tentativa de ruptura pelas tecnociências digitalizadas, que tendem a perfeiçoar uma forma de humanização sem humanização, suscita os mesmos tipos de reserva (ser humano melhorado de certas correntes transumanistas).

Indo adiante, precisamos construir com os cientistas e pesquisadores a fronteira entre a reparação genética necessária e o melhoramento genético desejado. Para isso devemos acompanhar, com uma reflexão ética aprofundada, as pesquisas de transformações que modificariam a própria identidade do humano, e as consequências para sua linhagem, nas três dimensões entrelaçadas "biológica, psíquica e espiritual" (ética de responsabilidade em relação às gerações futuras de Hans Jonas).

Nossa reflexão sobre as soluções tecnocientíficas resultantes de novos modelos, que privilegiam a previsão em vez da verdade científica (correlação), escapando à prova formal ou experiência crítica, traduz-se por um apelo para interditar seus usos pela engenharia do ser vivo, em nome dos princípios conjugados de precaução e responsabilidade.

Assim, a passagem da pesquisa ao uso não deve ocorrer enquanto o ser humano não tiver o controle sobre as previsões, submetendo-as a alguns testes críticos, mesmo digitais. É o livre-arbítrio do ser humano que está em jogo e, portanto, sua responsabilidade. O fato de que os algoritmos possam ser bioinspirados pode ser interessante em temos de sobrevivência; mas o ser humano não é feito unicamente para a sobrevivência (modelo de algoritmo bioinspirado), mas para a vida!

A liberdade humana e nosso *status* de sujeito estão fundados no fato de que nossa existência, desde a embriogênese até a morte, não pode ser reduzida a objeto do desejo de terceiros, de um grupo ou de uma instituição. A diminuição gradual do acaso no ato de engendrar, uma forma crescente de predestinação pelas "tecnologias da sucessão", a predeterminação de nossos comportamentos pela técnica de cibiontes, como máquinas com inteligência de caixa preta, não fazem senão alterar, cada dia um pouco mais, o princípio-chave dessa primeira estrutura ética básica.

Base 2: "A vigilância ética diante da revolução digital é compromisso de todos".

Enquanto cristãos, pensamos agir para a edificação dessa base pela promoção da vigilância de cada um, mas também dos Estados e das empresas do digital, quando os algoritmos ocultos predeterminam e influenciam de modo desleal os indivíduos e as comunidades informais ou organizadas. A exigência de transparência que a lei deverá estabelecer há de se opor a essas tentativas de dominação. Precisamos igualmente desenvolver uma verdadeira educação dos jovens e dos povos para a complexidade e para a autonomia digital, para a responsabilidade digital e para a proteção pessoal.

Então poderemos disponibilizar todos os desenvolvimentos em linha aberta (*open source*) que colocam à disposição, o mais aberto possível, ferramentas a baixo preço e de pequeno impacto ambiental. Essas últimas favorecem, com efeito, o desenvolvimento da consciência nos usos, diante das aplicações e suas consequências éticas. Assim o bom senso comum poderia recuperar seus direitos na elaboração de soluções tecnológicas.

Ao nos opor a todo reducionismo socioeconômico que tenta reduzir a pessoa a seus dados utilizáveis, temos de promover, como indicado anteriormente, outra imagem do ser humano, ser humano-harmonia entre as três dimensões biológicas, psíquicas e espirituais, em seus ambientes.

Consequentemente não pode ser autorizada a implementação em escala mundial de algoritmos que reconstituem perfis individuais a partir dos traços digitais deixados em toda parte por cada um, e os manipulam para fins políticos ou comerciais. Por exemplo, a chantagem que se faz por meio de *cookies* para se ter acesso a um serviço deverá ser mais bem enquadrada. Enfim, o direito ao apagamento dos traços e ao esquecimento digital deve tornar-se um direito fundamental.

Queremos favorecer e promover as tecnologias digitais em todo lugar em que elas contribuam para o surgimento de formas novas de democracia mais colaborativas do que apenas participativas ou representativas. A melhor ação pelo bem comum é co-elaborada de modo inclusivo por todas as partes envolvidas, no cuidado do menor, do mais isolado, do mais frágil.

Trata-se de participar intensamente onde, graças à tecnologia, a inteligência coletiva é posta a serviço das minorias mais frágeis. Devemos participar da descoberta e experimentos de tecnologias digitalizadas quando promovem a justiça social, a caridade e a benevolência. Temos de denunciar e resistir a toda forma de uso que favoreça a discriminação, a injustiça e o ódio. Que isso se faça também encorajando empresários, estudantes, pesquisadores, cidadãos, consumidores a se engajar nessa questão, nas aplicações tecnológicas e os modos de consumo correspondentes.

Base 3: "O livre-arbítrio é a base de toda a construção social".

Devemos nos lembrar sempre de que o livre-arbítrio permanece sendo a base de toda a construção social. Por isso é preciso resistir a todas as formas de ditadura digital, incluindo aquelas que se desejaria serem exercidas no interesse geral.

A obrigação sem exceção pelo interesse geral, tal como definido por uma sociedade, seria uma forma de ditadura, uma negação do processo de humanização pela liberdade. Deus criador deixou ao ser humano a possibilidade de o renegar e de fazer o mal, em nome de sua própria liberdade. O que restaria de nossa liberdade na obrigação absoluta e conscientizada de fazer o bem imposto pelo pensamento social tecnológico tornado um novo deus?

Assim, há que se opor aos drones de vigilância e de intervenção sobre os indivíduos, à catalogação de perfis individuais (*profiling*) para a segurança preventiva, em um condicionamento coletivo organizado por sistemas digitais. E, de modo geral, há que nos opor a toda tentativa de impor pela tecnologia uma impossibilidade radical de infração (ligada a modelos sociais), que travaria a liberdade individual a custas de uma rígida vigilância. Incluindo a vigilância relacionada com o próprio nascer (eugenia, vigilância extrema, prevenção excessiva...).

Base 4: "A coelaboração ética no contexto da ação cívica, política e educacional está no centro da reinvenção da educação popular que garante os fundamentos da liberdade democrática. Nesse contexto, os terceiros lugares endocontributivos constituem um modo de ação privilegiado".

A nosso ver, os cristãos devem se tornar mais vetores de "religação", de união e de coelaboração de espaços de produção do bem comum, sempre se perguntando e se adaptando à luz dos desafios dos desenvolvimentos técnicos. Para isso é preciso participar, organizar, promover formas de reencontros entre as pessoas, os grupos e, em âmbito maior, entre países no mundo inteiro, além das fronteiras sociais, intelectuais, religiosas e políticas. O lugar das universidades católicas, nesse sentido, pode ser exemplar.

Os terceiros lugares são aquelas iniciativas coelaborativas de uma reconstrução ascendente do mundo, no modelo que vem facilitando a fantástica resiliência da biosfera, com os limites já mencionados. São os lugares de promoção das tecnociências "leves" e inclusivas, e resistentes a tecnociências reducionistas. Cada lugar, segundo seu contexto, sub-local de uma localidade mais ampla e assim por diante, constrói um modelo colaborador. Cada qual, em suas circunstâncias, otimiza sua equação entrópica – desgaste, envelhecimento, degradação interna e externa. Quanto ao impacto da atividade humana sobre os ecossistemas, pode-se descrever como "antrópico". Com efeito, o que marca a era chamada de antropoceno pelos geólogos é o período recente dos dois últimos séculos em que a espécie humana se tornou uma força telúrica para o planeta. Quer dizer, uma força que é capaz de perturbar radicalmente o equilíbrio geológico da Terra.

O filósofo Bernard Stiegler aventou esse conceito de antropoceno como "entropoceno" para integrar nele as desordens causadas pelas tecnociências em matéria de entropia social e econômica. Mostramos, ao longo deste ensaio, que o risco ecológico é, de fato, um dos componentes de um risco ainda maior, que é uma "entropização" de nosso processo de humanização por meio de uma domesticação do ser humano pela máquina, tornando-o cego e a-responsável.

Isso interromperia, em sua natureza contínua e histórica, nosso processo de humanização pela revolução digital. Pela técnica se colocaria em cheque toda a diversidade de consciências e dos grandes equilíbrios sistêmicos que derivam de sua conjugação em rede: uma espécie de aquecimento climático, (entropização) da rede de consciências! Em um sistema ecológico, por exemplo, todos os componentes desempenham uma ação conjugada: o vento, a chuva, a terra, as espécies. É impossível isolar a interação entre dois ou mais componentes para compreender o conjunto do sistema. Isso também vale para o sistema de consciências em rede em termos de toda a humanidade. Ora, as localidades que atuam contra a entropia generalizada do planeta têm mostrado sua eficácia na promoção de uma socioeconomia resiliente, integrando nos costumes os desafios do bem comum global[5].

Na síntese dos trabalhos conduzidos por Bernard Stiegler sobre a localidade e os de Patrick Cohendet e Laurent Simon sobre as cidades criativas, pode-se dizer que os "terceiros lugares", para que sejam realmente contributivos em sua capacidade de reinventar um mundo mais sustentável, devem ser: ecorrítmicos, ecoepistêmicos, antientrópicos (entrogênicos), ecotecnológicos e econômicos. Aí está uma forma de biomimetismo organológico.

Ecorrítmicos no sentido de reinventarem constantemente seu processo decisório e operacional, para os adaptar à evolução do meio ambiente e seus desafios. Coepistêmicos porque eles cofabricam, importam e exportam os conhecimentos e as habilidades básicas sobre a experiência local e global. Antientrópicos porque buscam otimizar permanentemente sua equação de impacto energético e ecológico. Ecotecnológicos porque projetam e desenvolvem tecnologias sustentáveis provenientes de usos e necessidades locais, a partir de uma disponibilização em plataformas tecnológicas. E, por fim, econômicas e sociais, pelo desenvolvimento de valor econômico global no sentido etimológico do termo, isto é, de "cuidar da casa" (*oikos* e *nomos*).

Esses lugares são então os do agir comunicacional no sentido de Habermas, coelaborando uma ética, "abrindo caminhos", apoiada na inclusão de grupos de interesse, desafios locais e globais, e se abrindo a uma resiliência assumida. Mas devem ser ecotecnológicos e servirem-se de recursos técnicos e científicos (Web) que pos-

[5] Pierre GIORGINI, *La révolution contributive*, ISTE, 2022, 248 p.

sam transformar, *desígner* para os integrar nos costumes, concebê-los por meio de costumes revestidos de valores fundantes de uma ecofilosofia. Trata-se de implementar uma extensão do princípio de participação proposto pelo pensamento social cristão.

Para os cristãos, um meio de reequilibrar o mundo de hoje por uma antientropia bastante poderosa está nessa reautomação do ser humano por suas comunidades locais abertas ao mundo, transformada em consciência cristã ou agnóstica, segundo os termos da Aliança bíblica, em interação com os desafios do planeta para o bem comum. Trata-se de uma localidade aberta, conectada, humanista, tolerante, compartilhada, convidativa e acolhedora e não de um confinamento em um localismo estreito, superprotetor, sobrevivencialista, liberalista. Essas localidades abertas em rede têm uma dimensão espiritual que lhes permite não entrar na onipotência tecnológica.

Base 5: "A salvaguarda da casa comum triunfe como valor universal de direito e de consciência".

A casa comum é também nossa humanidade. Essa base 5 está ligada à base 1. Cada elemento referente a nossa mãe natureza pode ser transposto para nossa humanidade. O reaquecimento climático tem seu correspondente socioeconômico e geopolítico, com uma entropia de consumo e conflitos que explodem e secam a criatividade, a espiritualidade e a interioridade. A preservação da biodiversidade tem sua correspondência na preservação e no desenvolvimento da diversidade humana das consciências (princípio da liberdade de consciência), fonte de progresso coletivo permanente.

Como cristãos, pensemos atuar na construção dessa base:

– Promovendo e participando do desenvolvimento tecnológico quando ele visa a reparação dos ecossistemas, os danos ecológicos, a luta contra as poluições e o aquecimento climático;

– Favorecendo as tecnologias quando elas reparam o tecido social, contribuem para reduzir a fragmentação digital, quando visam conectar o gênero humano em torno de seus desafios de proteção dos ecossistemas e da promoção do ser humano na preservação da liberdade de consciência.

Nesse contexto, devemos reconhecer a opção preferencial pelas pessoas frágeis e os ecossistemas naturais e sociais em perigo, como valor universal do direito e da consciência. Portanto onde quer que estejamos envolvidos em âmbito local, regional, nacional e internacional, na empresa ou em qualquer atividade cidadã, devemos em todo o desenvolvimento ou em toda a inovação tecnológica, sustentar, agir e reivindicar a opção preferencial pelos pobres e pelos mais frágeis como fonte de radical inovação, beneficiando toda a humanidade.

Base 6: "A saúde global do ser humano e de todos os humanos permaneça um bem comum universal".

Como cristãos, temos de promover e acompanhar o uso do digital na medicina, desde que permaneça uma ajuda e um auxílio à relação humana, a uma alteridade enriquecida na relação cuidador-paciente. É o mesmo quando acompanha e enriquece a elaboração das políticas de saúde, ou a eficácia dos sistemas sanitários, respeitando a autonomia responsável dos tomadores de decisão, suas decisões conscientes, e em suas relações com os usuários ou cidadãos.

É preciso que nos oponhamos à mercantilização dos tratamentos e das vacinas relacionadas com patologias mundiais, e exigir um cuidado coletivo e solidário com os países mais frágeis. Finalmente, devemos participar na promoção de uma interdependência solidária das nações nas questões de saúde humana e animal (acesso aos tratamentos, às inovações, às prevenções).

Base 7: "O princípio de 'reversibilidade e de caixa de areia[6]' é sempre uma exigência para toda experimentação relevante das tecnociências digitalizadas, onde o ser humano não tem o controle sobre as decisões da máquina".

Qualquer interrupção nas aplicações ou nas pesquisas científicas não pode dar lugar a fases de generalização sem que cientista/responsáveis tenham podido investigar o mais avançado possível, no tempo e no espaço, as induções colaterais e sistemáticas da dita pesquisa ou experimentação. Deve ser exigido que o grupo decisório seja identificado e tenha responsabilidade por essa generalização no plano do direito e no moral.

Em caso contrário, essas experimentações devem ser feitas seguindo dois princípios: as experimentações são primeiramente reversíveis, quer dizer, que é possível reverter a situação inicial em grande parte. Em segundo lugar, elas são experimentos em "Sandbox", quer dizer, que não podem existir aí vazamentos, impactos fora do terreno balizado e fechado da experimentação no tempo e no espaço.

A questão da responsabilidade direta é aqui fundamental. A responsabilidade indireta dos modeladores (*designers*) não basta para sustentar uma sociedade humana responsável e consciente de sua interdependência. Porque ela delega coletivamente essa responsabilidade a máquinas cujos mecanismos profundos ninguém compreende e não pode, portanto, assumir uma responsabilidade direta. Quanto à responsabilidade de uso, ela fica altamente defasada desde que não haja mais possibilidade de reversibilidade ou a propagação no mundo não é mais controlável.

Isso implica uma ética do conhecimento que tem consciência do reducionismo científico que não pode compreender a infinita complexidade a não ser com humildade e discernimento. Como exemplo, a unidade da pessoa (corpo, psique, espírito) em seus ambientes é uma dimensão irredutível que abre para um abismo de interações

[6] "Caixa de areia" refere aqui um método de pesquisa que passa por descobrir, discutir, interagir, experimentar, antes de produzir e usar (nota do tradutor).

não modeláveis digitalmente. Como resultado, o ataque à dignidade de toda vida humana pode estar escondido em algum ponto cego da complexidade das interações, a longo prazo ou em escala global. O princípio de vulnerabilidade, por meio da atenção aos mais frágeis, pode ser mencionado aqui e agora, mas pode terminar levando para o inverso do que se desejava por causa da mudança de escala.

Sem negar de modo algum as prováveis contribuições positivas da biotecnologia digitalizadas, queremos alertar aqui sobre casos e ambições extremas, muitas vezes contestáveis do ponto de vista científico e que podem induzir a desvios incontroláveis.

Por exemplo, a hipótese de obstinação (biotecnológicas e neurotecnológicas) em transformar profundamente as características fisiológicas ou psíquicas de um ser humano, por causa de sua fragilidade em uma sociedade em certo período, pode ter consequências negativas para a singularidade das pessoas. Isso poderia legitimar tendências eugênicas ou normas socioculturais de subordinação. Assim, a origem da vida e da Criação "no oco de um amor infinito, intemporal" estilhaçada em proveito de uma ideologia em que o ser humano se apropria completamente de sua própria concepção e de seu destino individual e coletivo. Para ser verdadeiro "co-criador" enquanto vivente, a primeira atitude necessária é "receber a vida em toda a sua riqueza", e não se apropriar dela segundo os próprios caprichos.

Considerando que "tudo está ligado", é então toda a Criação que se veria manipulada ou instrumentalizado pelo ser humano. Tudo passaria pela decisão humana ou da máquina. Não haveria mais limites a não ser por decisões sociais democráticas ou não, levadas pelas influências reducionistas e tecnocientíficas. A promoção da ideia fundadora da antropologia cristã, de que a vida e toda a Criação são categorias de dom, deve nos possibilitar criar um ambiente que seja antídoto eficaz para evitar tal inversão de mentalidades.

CONCLUSÃO E ABERTURA

Coelaboração conjunta, uma experiência de comunhão espiritual

Há muitos modos de coescrever. Colocar-se de acordo com metas e métodos, depois distribuir os temas. Realizar, em seguida, uma leitura cruzada, corrigir, completar, encontrar consenso sobre os desacordos ou deixá-los claro no texto; depois, tentar a uniformidade de estilo. Isso requer uma grande transparência, um acordo sobre o essencial, uma integridade intelectual de ambos os autores e certa cumplicidade para superar as divergências de fundo.

Nossa caminhada foi bem diferente. Partimos de um núcleo duro sobre o qual tínhamos um acordo de fundo: científico, psíquico e espiritual. Então, não paramos de o enriquecer de modo interativo com práticas realmente colaborativas que foram para nós uma verdadeira conversão. De fato, assumindo uma alteridade central em nossas posturas pessoais, ou seja, uma abertura profunda à diversidade no pensar, no que fazer ou deixar de fazer, vimos surgir um "terceiro-autor", que não era nem um nem outro. Era um "terceiro", presente em nós por nosso intercâmbio de reciprocidade. Deixar-se tocar pelo pensamento do outro sem renunciar ao ponto central de nossos valores foi algo de nossa experiência. Tanto que, quando lemos esse "autor nós" é, às vezes, difícil para cada um reencontrar seu traço inicial no texto final. E, no entanto, vemo-nos plenamente nele.

Essa mudança interativa não parou de crescer e se construir; às vezes pela intuição de um que vinha reexaminar a certeza do outro; outras vezes pela objeção do outro, vindo estimular a argumentação e o rigor do um. Assim, o conhecimento de um se tornava conhecimento do outro com capacidade de reexaminar esta ou aquela certeza provisória.

As neurociências têm revelado o aspecto multidimensional e interligado da função do cérebro humano. O cérebro é multimodal. Mas na linguagem temos em dado momento a tendência de privilegiar um modo dominante: intuição, imaginação, criatividade ou pensamento racional objetivo, ou mesmo emocional, ou outros modos. O fato de navegarmos cada um em modos diferentes em nossas mudanças fez, de certo modo, emergir um terceiro cérebro, "um terceiro-como–um-cérebro"

Mas esse terceiro trouxe principalmente novos assuntos, novas perguntas, novas consciências que extrapolavam o escopo de nossos pensamentos recíprocos. Às vezes, iluminações de ordem espiritual explodiam em certos momentos de comunhão. O nascimento deste terceiro, sobrepondo-se a nós e envolvendo-nos, foi de fato uma verdadeira aventura espiritual e crística. Porque essa renúncia parcial de si, em sua vaidade de saber, ou em sua certeza por vezes tranquilizadora, mostrou-nos que quanto mais se praticava, mais esse "terceiro" se configurava como uma presença que nos ultrapassa enquanto nos perpassa. Nem sempre foi fácil e exigiu de nós um verdadeiro trabalho, até mesmo um esforço e profundo desapego.

Manifestava-se, assim, um "nós" espiritual que era muito mais do que cada um de nós juntos. E esse "nós" era poderosamente transformador. Sendo ambos cristãos, a presença do Evangelho e de Cristo no fundo dessa elaboração, abriu-nos um esboço do que poderia ser a unidade em Cristo. Humanidade em um só corpo. Que caminhada!

É por isso que como conclusão decidimos escrever cada um por si. Porque a comunhão não é a negação, mas o respeito a cada parte envolvida. Ela libera a singularidade e a estimula, abre-lhe novos horizontes. Ela não é liberticida reduzindo o livre-arbítrio;

mas ao contrário, é libertadora, estimulando-o. Tocamos aqui em um dos fundamentos da fé cristã. A comunhão em um só corpo não é uma redução; mas, ao contrário, uma ampliação da consciência e um fator libertador da ação singular.

Conclusão de Pierre Giorgini

Em minha conclusão quero prestar homenagem a Bernard Stiegle. Uma voz grande e essencial da filosofia que foi silenciada para sempre. Deu-me a imensa honra de partilhar um pouco comigo nos últimos anos de vida especialmente sobre os assuntos deste ensaio. Quero concluir citando a obra que ele me sugeriu de ler ou reler, quando saímos de nosso último jantar a fim de preparar, como ele dizia, nosso próximo encontro em Paris. Isso nunca iria acontecer. Mas essa sugestão muito significativa continua a me questionar, com seu ar de mistério sobre o que Bernard Stiegler queria dizer com aquilo.

A obra recomendada é de Bergson – *Les deux sources de la morale et de la religion*[1] (H. Bergson. As duas fontes da Moral e da Religião. Rio de Janeiro: Zahar), capítulo IV. Considerações finais. Mecânica e mística, do qual me proponho citar um extrato.

"[...]. Se nossos órgãos são instrumentos naturais, nossos instrumentos são, por isso mesmo, órgãos artificiais. A ferramenta do trabalhador continua o seu braço; o conjunto de ferramentas da humanidade é, portanto, uma extensão de seu corpo. A natureza, dotando-nos de uma inteligência essencialmente manufatureira, tinha assim preparado para nós certa ampliação. Mas máquinas que acionadas a petróleo, a carbono, a "óleo branco", e que convertem em movimento energias potenciais acumuladas durante milhões de ano, vieram dar ao nosso organismo uma extensão tão vasta e um poder tão formidável, tão desproporcional a seu tamanho e sua força, que seguramente nada tinha sido previsto no plano estrutural de nossa espécie; era

[1] H. Bergson. As duas fontes da Moral e da Religião. Rio de Janeiro: Zahar.

uma oportunidade única, o maior êxito material do ser humano no planeta. Um impulso espiritual teria sido, talvez, impresso no início; a extensão foi feita automaticamente, provocada pelo golpe acidental de uma picareta que atingiu no subsolo um tesouro milagroso[2]. No entanto, nesse corpo desproporcionalmente aumentado, a alma permanece o que era, muito pequena agora para preencher esse corpo imenso, e muito frágil para dirigi-lo.

"Daí o vazio entre ele e ela. Daí os formidáveis problemas sociais, políticos e internacionais, que são tantas definições desse vazio e que, para preenchê-lo, hoje suscitam muitos esforços desordenados e ineficazes: seriam necessárias novas reservas de energia potencial, dessa vez moral. Portanto não nos limitemos a dizer, como acima, que a mística interpela a mecânica. Acrescentemos que o corpo ampliado espera um suplemento da alma, e que a mecânica exigiria uma mística. As origens dessa mecânica são, talvez, mais místicas do que se imagina; só encontrará sua verdadeira direção, prestará serviços proporcionais a seu poder, se a humanidade, que se inclinou ainda mais para a terra, conseguir por ela endireitar-se e olhar o céu..."

Bernard Stiegler tinha razão. Esse texto é luminoso. Que diria Bergson no momento sobre essa nova fase de exossomatização, da inteligência, e talvez também do pensamento e de uma consciência desprovida de alma? Mas, também, o de um agir brutal pela simulação e predição sem compreensão dos processos, sem a lenta elaboração de uma verdade científica aceita por tanto tempo.

Conclusão de Thierry Magnin

As escolhas do ser humano vulnerável

A biologia nos ensina que o ser vivo é, ao mesmo tempo, robusto e vulnerável, e portanto, é dotado de plasticidade. Sua vulnerabi-

[2] Falamos figurativamente, isso é evidente. O carvão era conhecido muito antes da máquina a vapor convertê-lo em tesouro.

lidade é definida aqui como sua capacidade de se deixar afetar, modificar internamente por seu ambiente, ao mesmo tempo em que contribui para construí-lo. Se o ser vivo não for robusto o suficiente, ele desmorona. Se for demasiado robusto e não suficientemente vulnerável, perde sua plasticidade, sua capacidade de adaptação e, até mesmo, sua resiliência, que é uma de suas especificidades.

Não se confunda aqui vulnerabilidade com fragilidade. Porque a vulnerabilidade conjugada com a robustez é uma força de adaptação, portanto, de vida. Enquanto a fragilidade penaliza, em um primeiro momento, o ser vivo, ela é mais no sentido de dano e até mesmo da fratura. Existe, no entanto, uma ligação entre vulnerabilidade e fragilidade: a vulnerabilidade do ser vivo, exposto ao imprevisível e aos perigos possíveis do meio ambiente, pode abrir-se à fragilidade, como no caso de uma doença. E se o ser vivo for assim fragilizado por uma doença; sua vulnerabilidade é, por sua vez, afetada. E então todo o equilíbrio dinâmico entre robustez e vulnerabilidade fica comprometido.

Há fragilidades que as limitações da existência nos impõem: uma má nutrição ligada a condições de pobreza fragiliza nosso corpo, em particular na juventude. Há fragilidades nas quais o ser humano entra por si mesmo, mais ou menos conscientemente, às vezes forçado; às vezes também assumidos por hábitos em vista da aparência. Um corpo fragilizado pela droga influenciará toda pessoa em sua individuação e interação com o ambiente. Os variados tipos de dependência, inclusive as geradas pelas tecnologias, entram nessa mesma categoria.

Pode-se tomar aqui o corpo não apenas sob o ângulo individual, mas também aquele do corpo social, no ambiente de uma cidade, de um país, do mundo inteiro. Consideramos esses dois aspectos.

Nesse contexto, ao final deste trabalho de análise de uma possível civilização algorítmica e pistas para escapar de seus perigos, se beneficiando ao mesmo tempo de boas cotas de tecnociências digitalizadas, retomo alguns pontos essenciais de discernimento para o ser humano vulnerável que pode ser fragilizado por suas próprias escolhas ou, ao contrário, seguir fortalecido por suas ousadas escolhas éticas.

O digital e as tecnociências digitais são uma oportunidade real de melhoria nas condições de vida humana, em particular na comunicação entre as pessoas e os laços sociais, como a pandemia de Covid-19 mostra concretamente. E serve da mesma forma para grupos de trabalho e empresas, e também como ferramentas de apoio a pesquisadores, médicos, advogados e muitas profissões em seu dia a dia. A contribuição das tecnociências digitais torna-se um progresso quando o aprendizado dessas novas tecnologias permite ao ser humano se adaptar a elas sem idolatrá-las. É assim também quando o cuidado com a transparência permite a todos medir as vantagens e os riscos de seu uso. Quando as grandes questões de proteção de dados pessoais e os pontos essenciais de ética levantados em nosso estudo são trabalhados coletivamente em âmbito nacional, e regulamentados em esfera internacional, então o ser humano vulnerável, com sua capacidade de resiliência, pode absorver essas novidades em um novo equilíbrio dinâmico que promove especialmente a vida social. Quando essas tecnologias se tornam acessíveis a todos, é a desigualdade social que é reduzida. Quando forem usadas para sustentar uma educação integral que toca as três dimensões corpo-psique-espírito e sua harmonia, é o bem comum que cresce. Quando o direito à desconexão é defendido, é assim que toda a sociedade pode respirar!

Mas se essas proteções éticas não são respeitadas, o ser humano vulnerável corre o risco de ser profundamente fragilizado por tecnologias que podem se tornar seus donos. Seja porque o humano não as domina enquanto desempenham um papel essencial sobre seu futuro e já comandam seu presente. Seja porque as utiliza para satisfazer um poder político, econômico ou social, podendo chegar até uma forma de ditadura e destruição do que constitui o humano. Esse perigo já pode ser percebido no enfraquecimento de nossas democracias devido a condicionamentos de algumas redes sociais, e por tecnologias de vigilância levadas ao extremo de controlar indivíduos. Ou quando o humano é reduzido a “dados” utilizáveis pelo mercado! Pensa-se também em ciberataques (*hackers*) que desestabilizam todo o funcionamento de nossas sociedades em seu quotidiano (um hospital ou um importante departamento de Estado) e se tornam instrumentos de guerra econômica e política.

Em seu crescimento entre robustez e vulnerabilidade, o corpo social, fragilizado por um uso inadequado das tecnologias digitais, põe em perigo suas próprias condições de vida, sua liberdade e seus grandes princípios de igualdade e fraternidade!

Para lutar contra esses desregramentos, não se trata de errar o alvo. Não é a vulnerabilidade, no equilíbrio dinâmico com a robustez, contra a qual se deve lutar. É contra o que enfraquece o equilíbrio dinâmico entre robustez e vulnerabilidade. Assim, algumas correntes transhumanistas pensam que a vulnerabilidade deve ser erradicada em favor da robustez: é um erro! O mito da atuação tecnológica, que salvará o ser vivo buscando a robustez total, causa de fato o enfraquecimento do ser vivo e do corpo social. Porque perdem sua capacidade de evolução, sem falar na discriminação que isso introduz em todo o corpo social! Por isso precisamos reconsiderar a noção de *performance*, incluindo com o mesmo ritmo a ética no desempenho das eficiências tecnológicas. Trata-se de ousar admitir a vulnerabilidade do ser vivo, particularmente do humano e de todo o corpo social, não como um freio ao progresso, mas como um elemento-chave de resiliência.

O sentimento de onipotência, gerado em alguns pelas tecnologias digitalizadas hoje, mantém, a seu modo, o mito da robustez ideal (até o ciborgue). Essa situação não apenas desfavorece as capacidades de adaptação do ser vivo e do corpo social, como gera uma violência devastadora.

Ater-se ao que fragiliza o ser vivo e o corpo social não pode se voltar contra as pessoas fragilizadas das quais se trata, ao contrário, de cuidar. Aqui também não podemos errar o alvo! Uma confiança na capacidade de resiliência das pessoas ou dos corpos sociais enfraquecidos é indispensável para que os meios de luta contra as causas do enfraquecimento sejam eficazes. Os educadores são capazes de entender bem que não se faz a felicidade das pessoas sem elas.

O primeiro critério sobre o nível de civilização de uma sociedade é medido, a meu ver, por sua capacidade de cuidar dos desprovidos e de suas minorias ao ajudá-los e também lhes propiciando plenamente seu lugar na sociedade. Um grupo que sabe dar confiança a seus membros, os mais frágeis, saberá ele próprio evoluir a serviço de todos os seus membros vulneráveis.

A título de ilustração no campo digital, penso aqui na redução da chamada desigualdade "digital". Essa passa com certeza pelo equipamento, pelos materiais e pelo acesso à internet, e pelo contraponto de pessoas sem computador e em áreas sem internet. Mas depende também de uma educação para um uso razoável das ferramentas digitais e não por uma escalada nas concorrências. Ajudar os mais desprovidos para reduzir a exclusão digital é acompanhado por um crescimento do comportamento ético de toda a sociedade em seu uso da tecnologia digital. É assim que o conjunto da sociedade pode progredir, saindo de uma forma de idolatria em relação às tecnociências digitais, às quais alguns atribuem o poder de nos salvar!

Tomar consciência de nossa vulnerabilidade pode nos ajudar muito a refletir sobre os grandes desafios éticos ligados às transições digitais, tecnoeconômicas e ecológicas de hoje e de amanhã. E isso não é um simples reforço de nossa robustez que nos permitirá enfrentar os desafios. É certo que o ser humano é chamado a aprender a viver com as máquinas "inteligentes", cujas capacidades ultrapassam (e vão ultrapassar cada vez mais) as do ser humano em muitas áreas. Mas nossa capacidade de adaptação a esse mundo em transição exige justamente do ser humano que sua capacidade de resiliência, pessoal e coletiva, desenvolva-se em uma interação harmoniosa entre corpo-psique e espírito. Ela traduz sua capacidade de transcendência que irriga a busca do bem comum.

Uma chave indispensável para que uma sociedade possa escolher de maneira inteligente o "mundo de amanhã" depende de cuidar da dimensão espiritual de todo ser humano favorecendo, com grande respeito ao foro interno, seu desenvolvimento integral e sua expressão. As grandes tradições religiosas e a sabedoria têm tesouros de vida para serem postos na "caixa comum" de nossa humanidade em busca de sentido. Para que possamos retomar, cada qual a sua maneira, esta prece do salmista (Sl 118,5), cheio de reconhecimento para com Deus: "Na angústia... ouviu-me e libertou-me". É dessa liberdade, desse horizonte de "mar aberto", que mundialmente precisamos.

POSFÁCIO

REENCONTRAR, PELO DIVINO, CONFIANÇA NO HUMANO

Por Jérôme Vignon
Administrador geral da Universidade Católica
de Lille (França)

Após ter libertado a humanidade de suas filiações transcendentes, proclamado a universalidade dos direitos humanos sem outro fundamento que o próprio indivíduo, depois de ter ampliado sem medida as capacidades de poder e de transformações do humano, inclusive de si mesmo, eis que nossa modernidade se envereda pelo caminho de um desvio inquietante. Já não são apenas os transhumanistas que proclamam a caducidade da espécie humana, mas há todo um processo difuso que faz o mesmo sem exibir seu nome. Impulsionada pela força dos mercados e pela ansiedade das sociedades desorientadas, a convergência das tecnociências digitalizadas, em que o nano e a bio passam a dominam, altera a própria noção de verdade científica. Pierre Giorgini e Thierry Magnin são lançadores do alerta. Eles mostram, como uma evidência decorrente de seu reencontro científico, os riscos vertiginosos de uma reviravolta epistemológica e antropológica que afeta os fundamentos de nossa comunidade humana.

Mostram, com efeito, como a digitalização sistemática leva a apagar a consciência e o discernimento humano, substituindo o método científico baseado na busca de causas por uma abordagem empírica baseada em correlações. O poder das novas gerações de algoritmo confere às "soluções digitais" as aparências de uma eficácia que foge a toda argumentação, dando crédito à ideia de uma superioridade da máquina e reduzindo o próprio campo da existência humana em favor de sua modelagem. Quando os princípios da biomimética são solicitados por essa modelagem, arrisca-se de achatar o humano, a perder sua singularidade em um cosmos onde ele se torna uma espécie entre outras, vírus ou recifes de coral, com o único propósito de lutar para sua sobrevivência. Mas como diz a música: é assim que os homens vivem?

Se não tivessem os recursos antropológicos do cristianismo, e particularmente dessa Palavra pronunciada para o ser humano e constantemente repetida com ele que são os escritos bíblicos, nossos dois autores teriam de se juntar à coorte de Cassandras que nos convidam a nos afastar radicalmente da técnica em geral, e para fugir da revolução digital em particular. Mas essa não é a atitude deles. Embora admiradores de Teilhard não compartilham de sua confiança em um progresso científico que automaticamente levaria a uma convergência ética global sublimada na noosfera. Leitores atentos de Jacques Ellul, eles não preveem, como ele, uma tirania irresistível trazida pela tecnologia. Pelo contrário, propõem enfrentar de olhos abertos as atuais ambiguidades dessa civilização algorítmica, que traz consigo nesta fase o pior, mas também o melhor, a mistificação do digital, mas também o aprofundamento da inteligência por meio da partilha do conhecimento.

Eles fundamentam a capacidade humana de realizar esse discernimento em uma reavaliação da relação entre ciência e fé. Eles nos propuseram uma forma de retorno ao cristianismo para compreender o que acontece, em nosso tempo presente; de certa forma, uma aposta como Pascal, para quem a opção da fé se apresenta sob a forma elaborada de uma teologia da Criação em diálogo com as descobertas científicas, as mais recentes. Segundo essa visão, o Criador assumiu o risco de que a criação original ficasse incompleta e que essa incompletude tivesse de ser completada pelo ser humano "convidado a entrar na oficina divina". Esse risco é o preço da liberdade de inteligência e da criatividade do espírito humano, o qual, por sua vez, deve pôr seus passos na pegada de seu Criador, esse "deus desconhecido". Tal é o sentido da aliança entre Deus e a humanidade cujas Escrituras são, de certa forma, aquele livro da história que resta ser cumprida. Tudo é possível, inclusive o risco do uso dos algoritmos e de seu poder revelador, em condição de se revestir da sabedoria, da prudência e do amor que o Criador sente pela Criação.

Mas como traduzir esse convite audacioso e libertador em termos não reservados apenas a quem tem fé explícita e usar a linguagem da razão comum, aquela mesma que a inteligência artificial, levada a sua idolatria extrema, pretende expulsar? O simples lembrete dos princípios da doutrina social da Igreja católica não seria suficiente. Não só porque são demasiado gerais e abstratos, mas porque também merecem ser reinterpretados à luz das transformações da vida democrática que regem hoje o encontro entre ciência e sociedade. Os autores esforçam-se, portanto, para explicitar de modo renovado as "bases estruturais éticas" sobre as quais devem apoiar-se as paredes das novas catedrais do conhecimento científico e social, elevando-se aos céus abertos de um mundo ainda a ser aperfeiçoado, mas também a ser preservado; ainda a ser explorado, mas também a ser contemplado. Inspirados nas recentes descobertas da neurociência, as bases estruturais enfatizam a unidade das dimensões psíquica, biológica e espiritual da pessoa. Essa unidade deveria ser um regulador de futuras descobertas. Marcados pelas inovações democráticas que são os terceiros lugares e redes de inteligência coletiva aplicadas ao cuidado da casa comum, fazem do reconhecimento da diversidade uma fonte de energia política.

É preciso agora enfrentar a tarefa de pôr essa riqueza em ação, nas condições concretas do desenvolvimento da cidade e dos conhecimentos. Como a Criação, o livro está aberto para quem, pela fé ou não, desejar se inspirar em seu impulso.

ÍNDICE

Este livro foi composto com as famílias tipográficas Bookmania, Source Sans Pro, Montserrat e Times New Roman e impresso em papel offset 63gr pela Gráfica Santuário.